Iákovos Kambanelis

NUESTRO GRAN CIRCO

Iákovos Kambanelis

NUESTRO GRAN CIRCO

Introducción, traducción, comentarios y notas
de Ana María Martín Vico

Granada 2024
Centro de Estudios Bizantinos, Neogriegos y Chipriotas

Biblioteca de Autores Griegos Contemporáneos

Directora
Olga Omatos Saenz

Comité científico
Maila García Amorós, Idoia Mamolar Sánchez,
Panagiota Papadopoulou, Raquel Pérez Mena

DATOS DE PUBLICACIÓN

Iákovos Kambanelis, *Nuestro gran circo*

Introducción, traducción, comentarios y notas de
Ana María Martín Vico

pp. 185

1. Literatura Griega Moderna   2. Teatro

© Centro de Estudios Bizantinos, Neogriegos y Chipriotas
  Edificio Josefina Castro Vizoso. Universidad de Granada
  Avenida de Madrid 19, 18071. Granada, España
© De la traducción: Ana María Martín Vico

Primera edición: 2024
ISBN: 978-84-18948-38-1
Depósito legal: GR 1298-2024
Maquetación: Jorge Lemus Pérez

Ilustración de la portada y fotografías de la representación de la obra:
Teatro *Tzeni Karezi* y familia de Kostas Kazakos
Fotografía de Iákovos Kambanelis: Archivo de Katerina Kambaneli

El libro ha sido financiado por el Ministerio de Cultura de Grecia y
la Fundación Griega de Cultura en el marco del programa **GreekLit**.

ÍNDICE

PRÓLOGO

La presente edición con la traducción del griego moderno al castellano de una obra dramática del polifacético literato Iákovos Kambanelis se publica gracias al programa *GreekLit*, del Ministerio de Cultura de Grecia y la Fundación Griega de Cultura, que impulsa la traducción de literatura griega a otras lenguas, en el marco de la difusión de la literatura griega en el extranjero.

La traducción al castellano de *Το μεγάλο μας τσίρκο* (*Nuestro gran circo*) se ha basado en el texto original recogido en el tomo octavo de la serie dedicada a Iákovos Kambanelis por la editorial Kedros, en su edición de 2010.

Se recomienda la lectura de la introducción que antecede a la obra traducida, pues aunque esta sea sucinta, versa acerca de la vida, obra, lengua y estilo de Iákovos Kambanelis. Asimismo, para un mejor aprovechamiento y comprensión de la obra, se propone leer, dentro de esta introducción, los apartados relativos a *Nuestro gran circo* y, a continuación de la traducción, los comentarios de la traductora sobre aspectos culturales del texto.

Por último, queremos darles las gracias al Ministerio de Cultura de Grecia y a la Fundación Griega de Cultura por habernos brindado la oportunidad de participar en el programa de traducción *GreekLit*, vertiendo al castellano al magnífico Iákovos Kambanelis, y, por supuesto, al Centro de Estudios Bizantinos, Neogriegos y Chipriotas de Granada por la edición del presente volumen y su inclusión en la serie *Biblioteca de Autores Griegos Contemporáneos*.

13

INTRODUCCIÓN

Datos biográficos y obra

Iákovos Kambanelis (Ιάκωβος Καμπανέλλης) nació en la isla de Naxos, archipiélago de las Cícladas, el dos de diciembre de 1921. Sus padres, el farmacéutico Stéfanos Kambanelis y Ekaterini Láskari, tuvieron nueve hijos, de los cuales Iákovos fue el sexto. En 1934, a los trece años, se instaló junto con su familia en el barrio de Metaxurgío de Atenas, donde creció y, debido a problemas económicos familiares, se vio en la obligación de trabajar por el día y estudiar por la noche. Durante esa época es cuando se rodeó de otros chicos de su edad con inclinación por la literatura, como Tasos Livaditis, Aléxandros Kotziás o Renos Apostolidis, entre otros, quienes también alcanzaron un puesto importante en la literatura neogriega. Para satisfacer su sed lectora y formarse una base literaria a esa temprana edad, logró superar las estrecheces económicas alquilando libros usados de librerías.

Durante la ocupación de Grecia por las Fuerzas del Eje, junto con un amigo, planeó abandonar el país para dirigirse hacia Medio Oriente, aunque finalmente en 1942 ambos marcharon rumbo a Suiza a través de Austria. Pero, en el camino, fue apresado en un control en Innsbruck y trasladado a Viena para ser interrogado, acabando luego en el conocido campo de concentración y exterminio de Mauthausen, donde estuvo recluido desde 1943 hasta agosto de 1945. Tras haber sido suprimido el campo de concentración el 5 de mayo de ese mismo año por el ejército americano, y al haber sido elegido por el grupo de griegos del campo de concentración como el representante de la comisión que procuraba la recuperación y repatriación de sus compatriotas, fue el último de todos en regresar a Grecia. Kambanelis fue uno de los pocos supervivientes de los que sufrieron el horror del campo de concentración, hecho que lo marcó de una manera profunda (Kambanellis 1990: 48). De hecho, en muchas de sus obras[1] son numerosas las referencias a conflictos bélicos o la guerra sirve como telón de fondo[2].

En octubre de 1945, poco después del fin de la Segunda Guerra Mundial, completamente por azar y con el objetivo de hacer tiempo, vio en Atenas la obra teatral *Για ένα κομμάτι γης* (*Por un trozo de tierra*) producida por la compañía Θέατρο Τέχνης (Théatro Tejnis), del célebre director Károlos Koun[3], y allí descubrió su pasión por el teatro. Según sus propias palabras, la representación poco a poco lo absorbió por completo y, al salir, se sorprendió muy emocionado por "una mentira", como en lo sucesivo denominaría a toda representación teatral[4].

---

[1] Aunque las vivencias de su reclusión son una constante en sus obras teatrales, también le dedicó al tema la novela *Μαουτχάουζεν* (*Mauthausen*), la única que escribió (*vid.* el capítulo de Pefanis 2022 y Kalokiri 2023).

[2] Recordemos que Kambanelis, aparte del conflicto armado de la Segunda Guerra Mundial, vivió las consecuencias de la catástrofe de Esmirna (1922), la dictadura de Metaxás (1936-1941), la entrada de los alemanes a Grecia (1941), la ocupación del país por las Fuerzas del Eje (1941-1944), la guerra civil griega (1946 -1949) y la Dictadura de los Coroneles (1967-1974). Su posición antibélica se refleja en la mayoría de sus obras.

[3] El Théatro Tejnis de Károlos Koun desempeñó un papel decisivo en la trayectoria de Kambanelis, cuyos sentimientos sobre este gran director, "amigo, colaborador y maestro" suyo, se pueden ver en la dedicatoria del tomo VI de sus obras editadas por la editorial Kedros (utilizamos la edición de 2011[5]), donde vienen recogidas diversas obras (Koun 1990: 184-188).

[4] Recogido en el documental autobiográfico dedicado a su figura, *Μονογράμμα, Ιάκωβος Καμπανέλλης, (Monograma, Iákovos Kambanelis)* 1ª parte, producido en 2005 por Sgourakis, G., Sgourakis, I., (Giorgos e Iró Sgourakis) para la radiotelevisión nacional griega (ERT), minutos: 10 min y 20 s – 10 min y 30 s.

Tras haber descubierto la fuerza del género teatral, intentó estudiar arte dramático, aunque su intento se vio frustrado por la ley que establecía como requisito disponer del título de Educación Secundaria, y él se había formado en la especialidad de dibujo técnico en la escuela pública de Sivitanidios. Al ver truncado su sueño de ser actor, decidió abrir la otra puerta que lleva hasta el teatro: la creación de obras dramáticas, exenta de requisitos burocráticos, y de forma autodidacta.

En 1950 y a los 28 años de edad, inició su carrera dramática con el estreno de su primera obra, *Χορός πάνω στα στάχυα* (*Baile sobre las espigas*), que puso en escena Adamandios Lemós. La obra obtuvo un buen recibimiento del público y de la mayor parte de la crítica (Kalamarás 2022). Desde entonces nunca paró de escribir y, gracias a ello, nos ha dejado casi cuarenta obras de teatro. Destacan, entre estas, *Έβδομη μέρα της Δημιουργίας* (*El séptimo día de la Creación*), representado en el Teatro Nacional de Atenas en 1956, que le conllevó el reconocimiento como escritor dramático, así como *Η αυλή των θαυμάτων* (*El patio de las maravillas*), que puso en escena en 1957 Károlos Koun en el Théatro Tejnis, con la escenografía de Giannis Tsarujis y música de Mikis Theodorakis. El entusiasmo con el que fue recibido por el público y la crítica le consagró como escritor renovador de la dramaturgia neogriega[5].

Dada la complicada situación política y social del país en la década de los 60, pasó un tiempo en Londres y allí se impregnó de las nuevas tendencias teatrales. En esa década, en 1961, publicó su único libro en prosa, *Mauthausen*, donde relató sus vivencias en el campo de concentración y mostró su clara posición antibelicista

---

[5] Entre los críticos figuraban nombres como el de Ánguelos Terzakis (diario *To Vima*) y Kleon Parasjos (*I Kathimeriní*). *Vid.* también la crítica de Leon Kukulas en el diario *Athinaikí* (https://www.kambanellis.gr/%CE%BA%CF%81%CE%B9%C-F%84%CE%B9%CE%BA%CE%B5%CF%83/).

(Dimitroulia 2007). La enorme aceptación del libro lo llevó a escribir letras de canciones con el mismo tema, las cuales fueron musicalizadas por Mikis Theodorakis y granjearon un gran éxito tanto en Grecia como el ámbito internacional. Tras su regreso a Grecia, en 1963 subió a la escena de la prestigiosa sala teatral Kotopuli-Rex su obra *H γειτονιά των αγγέλων* (*El barrio de los ángeles*), que es un excelente reflejo de la vida social y política de Grecia en la década de los 60. Él mismo se hizo cargo de la dirección de la representación, que contó también con nombres sonoros del teatro y de la música griega: la compañía teatral de Tzeni Karezi y Nikos Kourkoulos, y la música de Mikis Theodorakis, quien escribió para esta obra algunas de sus mejores canciones (Paridis, *Ήμουν εκεί*).

Poco antes de la caída de la Dictadura de los Coroneles en 1974, subió al escenario *Το μεγάλο μας τσίρκο* (*Nuestro gran circo*) en 1973, obra que recoge la presente edición, y después de la caída, *Ο εχθρός λαός* (*El pueblo enemigo*) en 1975 (Pefanis 2006: 122-169), que contienen una aguda crítica a las diversas situaciones de la vida social y política del Estado griego desde su creación a principios del siglo XIX. La sutileza y el ingenio con los que trató este tipo de temas tan peliagudos, hicieron de Kambanelis un símbolo de resistencia contra los autoritarismos y las corruptelas que azotaban la vida griega. Unos pocos años más tarde, en 1978, la editorial Kedros empezó a editar casi la totalidad de sus obras teatrales, que hasta ahora ascienden a un total de nueve tomos, acompañadas de material fotográfico de las primeras representaciones, críticas y algunos artículos.

Tras una ausencia de varios años, Kambanelis volvió a hacer su presencia con la obra *Ο αόρατος θίασος* (*La compañía invisible*), que se representó en 1989 en el Teatro Nacional. En 1993 llevó también al escenario del Teatro Nacional la obra *Γράμμα στον Ορέστη* (*Carta a Orestes*), *Ο δείπνος* (*La cena*) y *Πάροδος Θηβών* (*Bocacalle en Tebas*), una trilogía englobada bajo el título de la segunda obra

(Grammatás 1994: 21-29; Xanthos 2021). Con ella inició un nuevo ciclo de carácter experimental al que dio como subtítulo "Estudios y pruebas". En este contexto, la obra *Στη χώρα Ίψεν* (*En el país Ibsen*), que fue bien recibida en el Festival Internacional de Ibsen en Oslo (Tsatsoulis 2004; Grammatás 2000: 197-203), se basó en los *Gengangere* (*Espectros*) de Ibsen, ya que él ejerció gran influencia en Kambanelis. Destaca, asimismo, *Η Στέλλα με τα κόκκινα γάντια* (*Stella con los guantes rojos*), obra inspirada en su encuentro con la famosa actriz Melina Merkuri y cuya adaptación cinematográfica por Mijalis Kakogiannis en 1955 alcanzó una gran dimensión internacional. La obra, que se inspiró también en la célebre leyenda de Carmen, tuvo como protagonistas a Melina Merkuri, Giorgos Fundas y Alekos Alexandrakis.

Más allá de su faceta teatral, Kambanelis destacó como guionista, director cinematográfico y letrista. Como guionista, escribió el guión de películas que gozaron de gran fama popular (Delveroudi 1994: 165-195) como *O Δράκος* (*El dragón*), que dirigió en 1956 Nikos Kúnduros, entre otras (Voutsadaki 2006). La película fue considerada como un punto de inflexión en la historia del cine griego. En su actividad destaca también la de versista, ya que puso las letras en muchas de las más conocidas canciones de Manos Jatzidakis y Mikis Theodorakis (Kambanellis 2020; Pefanis 2005: 257-327). Además, colaboró con la Radio Nacional Griega con muchos programas literarios y escribió artículos publicados en conocidos periódicos griegos.

Iákovos Kambanelis murió a los 89 años en Atenas, el 29 de marzo de 2011, pocos días después del fallecimiento de su mujer, Niki Ioannidou, con la que tuvo una hija, Katerina Kambaneli. Fue un hombre muy reconocido en vida, como muestran las numerosísimas puestas en escena de su obra (Pefanis, *Χρονολόγιο Ιάκωβου Καμπανέλλη*) y las numerosas distinciones que recibió: Doctor Honoris Causa por la Facultad de Filosofía de la Universidad de Chipre (1996), por la Escuela Superior de Arte Dramático de la Universidad Aristóteles de Salónica (1999) y por el Departamento de Estudios Teatrales de la Facultad de Filosofía de la Universidad de Atenas (1999). En el año 2000, Konstantinos Stefanopoulos, presidente de la República Helénica, le concedió la insignia de la Orden del Fénix. El reconocimiento siguió tras su muerte con la creación del "Archivo Kambanelis" (https://www.kambanellis.gr/)[6], el Museo de Teatro "Iákovos Kambanelis" en la isla de Naxos y una página web (www.kambanellis.gr). Sus obras teatrales forman parte de la materia de enseñanza en los planes de estudio de teatrología en las universidades y en las escuelas de arte dramático de Grecia y varias de ellas han sido traducidas a diversas lenguas. En lo que respecta al español, la mexicana Selma Ancira ha sido su traductora principal.

Kambanelis ha sido definido como el creador del teatro griego de posguerra (Grammatás 2011[5]: 221). Es, a día de hoy, el dramaturgo griego del siglo XX por antonomasia. Como renovador de la dramaturgia contemporánea griega, escribió obras avanzadas a su tiempo, de las que muchos incluso dudaban que fueran obras de teatro. En sus obras expresa una preocupación política y social accesible a todos, puesto que él mismo intenta acercar el teatro a todo tipo de público. Reconoce que las obras que tienen algo de verdad y de responsabilidad son las que puede comprender el pueblo llano. Para él, el teatro es un milagro con el poder de emocionar por igual a todas las clases sociales y, sobre todo, de llegar a las más humildes (Kambanellis 1990: 14-19).

Aunque su obra se ha descrito en numerosas ocasiones como

---

[6] *Vid.* también las secciones correspondientes a Kambanelis en el Archivo Digital del Teatro Nacional de Grecia (http://www.nt-archive.gr/peopleDetails.aspx?personID=4937 y https://www.ert.gr/ert-arxeio/iakovos-kampanellis-29-martioy-2011-3/).

teatro político (Pefanis 2020: 28-29 y 2001: 345), esta denominación intranquilizó a nuestro autor, que siempre se mostró reticente en cuanto al término. Mantuvo que la denominación "teatro político" es un pleonasmo en sí mismo, puesto que el teatro ha sido desde su nacimiento, y sigue siendo, político; es un carácter inherente y congénito a la dramaturgia desde sus inicios que no debería aislarse del concepto de teatro, puesto que es, además, el marco en el que se inserta. Así, defiende que el teatro es la "conciencia ética de la realidad social" (Pefanis 2001: 61). Entiende que el teatro debería ser un "espacio de encuentro espiritual y político" (Pefanis 2001: 65), un foro social de intercambio y unión entre los espectadores que no los separe en distintas actitudes en torno a un tema, sino que propicie el diálogo entre ellos. Defendió pues al teatro como elemento unificador y horizontal capaz de propiciar cambios, de resonar en todos y de no dejar a nadie indiferente, algo que, sin duda, consiguió[7].

Lengua y estilo

Iákovos Kambanelis, como descendiente de una familia de la isla griega de Naxos, distinguió una posible influencia de esta en su lengua teatral. Consideraba que no se encontraba impregnada de un modo de expresión urbanita estandarizada; que era pues de una naturaleza desinhibida llena de la vida misma, es decir, de los contextos específicos que permiten el uso de un habla rica, verdadera, vernácula y circunstancial. Quizás por tanto dicha lengua fue la de muchos de sus personajes, los cuales en muchas ocasiones habían sido caracterizados con base en sus familiares (Kambanelis 1990: 42-43).

En *Nuestro gran circo*, se acumulan los recursos expresivos

---

[7] Sobre la obra en general de Kambanelis, *vid.* AA.VV. 1994; Pouchner 2010; Pefanis 2005: 153-202.

como las repeticiones, los juegos de palabras, las metáforas, los vocativos afectivos y los peyorativos, las expresiones más o menos idiomáticas y las paremias. Además, las intervenciones que conforman los diálogos no alcanzan dimensiones desmesuradas, pues tales segmentos suelen ser breves o equilibrados. Como consecuencia de ello, el estilo de la obra adquiere un ritmo tan dinámico como fluido. A su vez, el autor demuestra poseer una excelente agudeza intelectual, genera situaciones dotadas de una gracia que complace al público y compone segmentos destacables por su lógica y su belleza lingüístico-dramática. A esta característica se le ha de sumar el hecho de que cada personaje de la pieza se expresa verbalmente acorde a su papel (Chager 2006: 244-253). De acuerdo con ello, se aprecia por ejemplo que algunos personajes basados en la antigua Grecia hablan con solemnidad; unos capitalinos exponen el refinamiento de las personas que pertenecen a su clase social; Ñoños, una figura muy conocida del teatro de sombras griego, incluye en sus intervenciones palabras en italiano[8]; y un dignatario bávaro no duda en pronunciar unas palabras en alemán. En suma, la combinación de una amplia variedad de recursos literarios en concreto y diálogos muy bien proporcionados, junto a personajes que tienden a presentar su propio idiolecto, conduce a que el estilo lingüístico de la obra sea singular –esto es muy representativo del estilo de Kambanelis–, caracterice a sus personajes y mantenga despierta la atención del público.

---

[8] *Vid.* comentario 72, pp. 170-171.

Sobre "Nuestro gran circo"

Nuestro gran circo es una obra ante la cual no cabe la indiferencia: de tan alto grado es el vínculo explícito que la une a Grecia; de tan honda profundidad es la huella que –con su impacto– imprime en quien se adentra en ella. Ya que lo dicho se debe en gran parte a su genialidad, resulta lícito volver a recordar el indudable talento artístico de Iákovos Kambanelis, pero de nuevo procede traer a la memoria los nombres de otras personas que también contribuyeron a su gran puesta en escena, es decir, a dotarla de vida, lo cual sucedería por primera vez el 22 de junio de 1973 de la mano de la compañía teatral de la actriz Tzeni Karezi (1932-1992)[9] y del actor Kostas Kazakos (1935-2022)[10], siendo *Nuestro gran circo* el apogeo

---

[9] Ella declaró: "Tenía que ser algo así como una fiesta popular, para encerrar en ella mucho *romiosini*... y a través de la sátira, la autoburla, la risa y el llanto, hablar de las penas y los sueños de nuestra raza, de las luchas traicionadas, de las esperanzas traicionadas... y sobre todo de la belleza. Sobre la belleza de este pueblo, que no termina de luchar, de ser traicionado, de creer y de continuar su lucha, manteniendo inalteradas sus raíces durante siglos. Pero todo esto hay que decirlo de manera griega, con fervor, ni de forma literaria ni cerebral. Es decir, debe escribirse una obra que contenga las semillas de nuestro arte popular. Una tarea difícil, casi inalcanzable" [www.sansimera.gr/articles/943 (17/08/20249].

[10] Él declaró: "[…] estas cosas no las hace una sola persona! Todos los inviernos, Kambanelis, Tzeni, yo y nuestros colaboradores nos reuníamos en nuestra casa y buscábamos un tema, un asunto, una obra que escribir. Kambanelis y yo éramos amigos desde 1953. Era un hombre con un rico mundo espiritual y una profunda bondad, un gran hombre […]. En aquel tiempo, Kambanelis tuvo una idea que siempre le carcomió, el mito de Saturno comiéndose a sus hijos. Quería comparar la historia griega con Saturno […]. Se quedó prendado de esta idea y empezamos a trabajar en ella. Trasnochadas en casa, banquetes, charlas y las patatas y los espaguetis no paraban. Poco a poco se fue formando la idea de crear un panorama de la historia griega desde la Antigüedad hasta la ocupación. Hacer una obra modular con episodios. En 1972 nos fijamos el objetivo de ponerla en escena en el verano de 1973. Iákovos empezó a escribir..., él escribía... y yo le llevaba los textos al censor. Llevaba una pila de papeles y me dejaban media pila. Iákovos escribía otros textos, yo los llevaba y de cinco o seis episodios nos dejaban uno. ¡Eso era una tortura!

de sus respectivas carreras. Cabe destacar que la idea original se generó ante el deseo de presentar una obra que comentara en clave de humor el curso de Grecia desde la Antigüedad hasta la Grecia moderna de entonces. Asimismo, Kazakos asumió la dirección de la representación junto con su asistente Aris Davarakis (1953).

Así, aunque más adelante se hablará acerca del compositor Stavros Xarjakos (nacido en 1939) y del cantante Nikos Xiluris (1936-1980), se ha de recordar al encargado de la decoración y el vestuario Fedon Patrikalakis (1935-2017), al afamado artista de teatro de sombras griego Evgenios Spatharis (1924-2009) y, entre otros, a los destacados actores Dionisis Papagianopulos (1912-1984), Nikos Kuros (1928-2018), Timos Perlengas (1938-1993) y Jristos Kalavruzos (1939-2023).

Dado que la pieza teatral fue escrita en primera instancia para los griegos y se engalana de tantos elementos culturales, posiblemente, para ser leída por quien acaso no conozca en profundidad la cultura griega, necesitará de su parte una gran curiosidad para informarse en los comentarios –o en las fuentes documentales que correspondan– sobre las múltiples referencias culturales e históricas que de continuo se pueden encontrar a lo largo del texto.

Con todo, traducida aquí al español, la admirable obra de Iákovos Kambanelis mantiene su valor literario e histórico-social. Así, ni los cambios a los que obliga la traducción desmerecen en su totalidad el vigor de su estilo, ni el transcurso del tiempo desvanece el significado que con anterioridad le fue dado. Por el contrario, solo se puede afirmar que, incluso vertida a otra lengua, *Nuestro gran circo* es una joya de la literatura neogriega y que sus posibles

---

Kambanelis escribió a mano hasta que murió. Cuando se estrenó el *Circo* se quedó un mes en cama. ¡Extenuado! Para superar estos doce episodios escribió literalmente una pila de textos" [Entrevista de Kazakos en *Umano.gr* (13/06/2018)].

representaciones y lecturas propician tanto su deleite como el entendimiento del camino –colmado de luchas– hacia la democracia y las libertades que Grecia conquistaría a partir del restablecimiento de la República Helénica el 24 de julio de 1974. Al respecto, y a modo de ejemplo, nótese la capacidad de reflexión y denuncia asertiva de un fragmento de una de las intervenciones que pronuncia uno de los personajes de la obra, el capitán 1: "¡Nos temen siendo libres! ¿En qué están pensando que nos temen...?".

A continuación, con el propósito de ilustrar sucintamente *Nuestro gran circo*, se aporta información en lo que respecta al contexto histórico en el que se enmarca, el género literario en el que se clasifica, la significación de su título, su argumento, su estructura, su contexto espacio-temporal y su coherencia intratextual, sus personajes, su música, sus primeras representaciones y la crítica que recibió en la época en la que fue escrita y estrenada.

Contexto histórico

Durante la Segunda Guerra Mundial (1939-1945), Grecia es un país que defiende con suma vehemencia los derechos humanos y la civilización. Sin embargo, este hecho y el contexto histórico posterior se oscurecen con las desavenencias de sus políticos y la inquietud manifiesta de los helenos. Como consecuencia de ello, y con la intención de establecer su propio régimen, algunos militares argumentan la corrupción política y la posibilidad de que Grecia se convierta en un territorio comunista. Siendo estas las circunstancias de los griegos, se impone la llamada Dictadura de los Coroneles (1967-1974), periodo que comienza con arrestos, encarcelamientos y la falsa esperanza de que esta sería breve, lo cual no llega nunca a ser cierto, incluso a pesar de la influencia de las potencias extranjeras.

Llegado el año 1973, Grecia se encuentra sumida en una profunda crisis económica –esta afectaría a la inflación, los precios y la capacidad adquisitiva de los ciudadanos–, el pueblo evidencia su desacuerdo con la situación, los políticos se expresan en contra del régimen, los intelectuales materializan su resistencia –activa o pasiva– y la opinión pública internacional se hace eco de todo ello. Así pues, cuando el país comienza a acercarse al desenlace de la dictadura, sale a la luz la obra a la que se le otorgó el título de *Nuestro gran circo* (Vacalópoulos 1995: 347-350).

Siendo el último año de la Dictadura de los Coroneles, la obra tuvo un enorme eco en la sociedad ateniense, hasta el punto de que las representaciones fueron caracterizadas como "las concentraciones más masivas de protesta" hasta la revuelta de los estudiantes durante el verano siguiente. Las consecuencias no se hicieron esperar, las representaciones se prohibieron y los protagonistas fueron encarcelados. Solamente se pudo representar de nuevo, con el mismo éxito, después de la caída del régimen en julio del 1974.

Género literario

Este texto de Iákovos Kambanelis es una obra de teatro musical que se sustenta sobre la base de la comedia, la sátira y la parodia. Atendiendo a la propia conceptualización de su autor, también fue concebida para que –al menos en apariencia– fuese histórica (Papathanasiou 2022: 168). No obstante, es una obra que contiene una profunda crítica social ante el contexto ya indicado y que, por tanto, es paradigma de la literatura comprometida griega de posguerra.

Asimismo, *Nuestro gran circo* incorpora canciones populares y le dedica una escena completa al teatro de sombras griego. Esta característica de que la pieza entraña elementos de la cultura popular helena tan inherentes a ella la vuelve genuina –en cuanto que ello le aporta la autenticidad de su tradición más intrínseca–. Ha de comprenderse además que la canción popular se entiende como un elemento cultural que ha sido creado por el propio pueblo[11]; y que las funciones de teatro griego de sombras se siguen llevando a cabo en la actualidad.

En efecto, Kambanelis, como muchos de su generación, estaba prendado del género popular del teatro de sombras, cuyo espíritu y formas satíricas utilizó para hacer una crítica aguda a las vicisitudes socio-políticas de Grecia (Georgousopoulos 2003), empezando desde la época de la dominación y pasando por varios periodos históricos hasta llegar a sus días. A esta particularidad de la obra se debe su caracterización con el también particular calificativo de "revista histórica" (Georgakaki 2015: 163-164).

Título de la obra

Ciertamente, *Nuestro gran circo* se trata de un título que consigue representar el sentido de la obra a la que le da nombre. Como componente y síntesis de la misma, funciona a modo de alegoría. Adoptando el tono de la sátira y la parodia, denota cómo se percibía que era la historia de Grecia: épica y heroica. Sin embargo, con ello también transciende el mensaje de resistencia de que en Grecia sus personalidades más célebres son devoradas por su propia patria; de que en ella se había conformado un espectáculo de sucesos históricos, carentes de sentido humano y moral en cuanto a lo político. Por otro lado, en lo que respecta particularmente a la sociedad griega, sería un símbolo del hito que supuso para ella: la catarsis de su sentir como pueblo a través de la sensibilidad artística que logra

---

[11] En Grecia, en el siglo XVIII y a principios del XIX, se concibió el último periodo de su historia en el que se crearon canciones populares (Kapsomenos 1999: 22-23).

las risas, la denuncia social que al fin clama democracia con ímpetu y el contagio del ánimo que entusiasma a todos cuantos la desean.

Argumento

En la obra se transita por la historia de Grecia haciendo referencia a sus albores mitológicos, la Antigua Grecia, la época bizantina y la neogriega. Así, hace referencia a Filipo de Macedonia[12], al Oráculo de Delfos[13], a numerosos emperadores del Imperio bizantino –como Justiniano I[14], Nicéforo II Focás[15], Juan I Tsimisces[16], Andrónico I Comneno[17] y Alejo II[18]–, al Imperio otomano, al rey Otón I de Grecia[19], a los acontecimientos del día 3 de septiembre de 1843[20], a la catástrofe de Asia Menor[21], al Cisma Nacional –el conflicto entre el rey Constantino I de Grecia y el primer ministro Eleftherios Venizelos[22]–, a la ocupación de Grecia durante la Segunda Guerra Mundial[23] e incluso finalmente al propio año 1973[24]. Sin embargo, a pesar de que se desarrolla a través de dicho tránsito, su tema principal es aquel al que antes se ha indicado que alude su título alegórico.

---

[12] *Vid.* comentario 14, p. 163.

[13] *Vid.* comentario 12, p. 162.

[14] *Vid.* comentario 23, p. 164.

[15] *Vid.* comentario 25, p. 164.

[16] *Vid.* comentario 26, p. 164.

[17] *Vid.* comentario 20, p. 163.

[18] *Vid.* comentario 21, p. 163.

[19] *Vid.* comentario 29, p. 165.

[20] *Vid.* comentario 63, p. 169.

[21] *Vid.* comentarios 93, 96 y 97, pp. 174 y 175.

[22] *Vid.* comentario 86, p. 173.

[23] *Vid.* comentario 98, p. 175.

[24] *Vid.* el 'Contexto histórico' del apartado 'Sobre *Nuestro gran circo*', pp. 25-26.

Estructura

Dicho esto, la pieza teatral se encuentra estructurada en dos actos. En el primero se diferencian las escenas que –por su traducción al español– reciben los nombres de *Comienzo, Saturno*[25]*, El Oráculo y Demóstenes*[26]*, Andrónico, La llegada de Otón, Los capitalinos, Sobre la guillotina, 3 de Septiembre, La estatua*[27] y *La huida de Otón*; en el segundo, las tituladas *Karaguiosis rey, Los falsos caballeros, En los tiempos de Venizelos, El desarraigo y Celebrando la victoria*. Así, como indica el personaje llamado Romiós, "Decía pues que no nos íbamos a detener mucho en los tiempos antiguos, a pesar de que –como es sabido– la historia se repite. Haremos una parada en el Oráculo de Delfos, en los tiempos en los que se hacía y se deshacía. Otra en Constantinopla antes de que la perdiésemos. Y luego… ¡Bueno, luego navegaremos por aguas actuales y atracaremos a nuestro gusto, dado que conocemos mejor el fondo!".

Contexto espacio-temporal y coherencia intratextual

Aunque se acaba de hablar del papel que juega la historia en la obra, se ha de tener en consideración que en el texto se representa una función teatral en un contexto "circense" del año 1973. Consecuentemente, las escenas –y, por tanto, los acontecimientos que se narran– se presentan como distintos espectáculos de esa misma función. Igualmente, el espacio no es otro que la pista de un circo que se ubica en el corazón de Atenas, pero en esta no solo se ambientan distintas épocas sino también –dependiendo del caso– distintos escenarios o ubicaciones.

---

[25] *Vid*. comentario 1, p. 161.

[26] *Vid*. comentario 15, p. 163.

[27] *Vid*. comentario 64, p. 169.

En dichas circunstancias espacio-temporales, la trama es presentada por dos actores de la ya aludida función teatral y "circense", Romiós y Romiaki, los cuales introducen cada escena y contribuyen a la coherencia intratextual de la pieza. Conforme esta se desarrolla, versa sobre las peripecias vividas por diferentes personajes en diferentes épocas históricas, si bien cada espectador o lector griego podría evocar en su pensamiento cierta exclamación de Romiaki –"¡A mí me recuerda a algo!"–, pues de continuo existen momentos en los que se puede relacionar con el contexto de la época en la que fue escrita.

Personajes

Los múltiples personajes que aparecen se encuentran caracterizados de forma pintoresca y vívida gracias a sus respectivas formas de expresión lingüística, a sus acciones y, además, a que en cierto modo casi todos ellos suelen ser cultural y/o históricamente reconocibles o pueden encontrar algún lugar en el imaginario griego. Por ejemplo, Romiós y Romiaki[28], quienes sencillamente son civiles, tienen personalidades muy carismáticas debido a su capacidad de diálogo como compañeros de trabajo y como presentadores que se dirigen al público captando su benevolencia. Ellos hacen posible que este último simpatice con lo que sucede y logran que incluso identifique sin dilación el doble sentido de la obra. Pero otros personajes, como los sacerdotes, el acomodador, los macedonios, la Pitonisa, los embajadores, la estatua y los que son las figuras más representativas del teatro griego de sombras,

---

[28] Los nombres propios de Romiós y Romiaki proceden respectivamente de los vocablos masculino y femenino Ρωμιός (/romñós/) y Ρωμιά (/romñá/). Mostrando sentimientos de amor u orgullo hacia su patria, estos designan a personas de nacionalidad griega (Centro de la Lengua Griega, 2006-2008).

se relacionan claramente con la civilización griega y constituyen personajes acerca de los cuales el público y los lectores griegos ya disponen de cierta información. Por su parte, los demás, como los capitalinos, el buhonero o el sastre, se caracterizan –o se imaginan– y se comprenden con facilidad. Añádase que, a excepción de Romiós y Romiaki –quienes delatan cuáles son sus papeles como actores–, los demás no revelan abiertamente su condición como tales. Ambos aspectos, aunque constituyen una antítesis entre sí, le aportan una gran veracidad a la obra porque la vuelven más creíble –diríase que inducen al teatro dentro del teatro–.

Música

Como se ha señalado con anterioridad, habiendo sido escrita en prosa principalmente, la obra también presenta los versos que se corresponden con sus canciones. Debido a ello, cabe mencionar que la extraordinaria música con la que se ideó que se había de interpretar es la que compuso para ella el músico Stavros Xarjakos (Papathanasiou 2022: 168). Integrada en la función como un elemento fundamental del conjunto que conforma toda la composición, la música consigue darles vida a los textos de forma intensa, adaptándose a las diversas situaciones –alegres, tristes o incluso un tanto trágicas–, y resulta ser congruente en lo que respecta al carácter del texto dramático. Por otro lado, no se ha de olvidar la interpretación vocal del cantante Nikos Xiluris para los versos de las canciones a los que les prestó su voz, pues esta fue y sigue siendo muy admirada.

Crítica en 1973

En lo que atañe a la crítica que la pieza de Kambanelis recibió en su época –recuérdese que Grecia todavía se encontraba bajo una dictadura–, en la revista *Γυναίκα* (= *Mujer*), Natasa Bakogianopoulou comenta el ambiente del teatro, la música, la danza y diversos temas de la obra. Igualmente, Bakogiannopoulou escribe que esta presenta muchas sombras, que se encuentra muy relacionada con la tradición popular griega y que es continuista en lo que respecta al estilo del autor. Por su parte, en el periódico *Ακρόπολις* (= *Acrópolis*), Thódoros Kritikós rememora la atmósfera novedosa e imprevisible del teatro, la singularísima presencia y profesionalidad artística de Karezi y Kazakos y lo que le transmitió la obra. El crítico considera luego que cierto elemento decorativo –referido al titán mitológico Saturno– no se relaciona con todas las escenas; que algunos contenidos parecen haber sido incluidos sin que hubiesen estado en la planificación previa de la obra; que los juegos de palabras son excesivos; que las digresiones argumentales impacientan al espectador; y que el autor solo se esmera en desvalorar los acontecimientos míticos de la historia griega. A su vez, Thódoros Kritikós desaprueba la ideología de Kambanelis y subestima la música de Xarjakos.

No obstante, después de haber referido tales opiniones, cabe añadir en contraposición que el éxito de la obra fue absoluto y se estima que superior al de cualquier otra obra de teatro estrenada en Grecia hasta aquel entonces (Papathanasiou 2022: 369-371).

Durante cuatro meses, *Nuestro gran circo* se convirtió en el principal tema de conversación de los griegos. Pero llegado aquel momento, la juventud y el conjunto de los ciudadanos que se sentían más inquietos ante sus circunstancias políticas ya se habían impregnado de los mensajes de resistencia de Kambanelis (Maniatis 2013).

Cuestiones sobre la presente traducción

Es frecuente el uso indistinto de los términos "traducción", "versión", "adaptación" o "adaptación libre" –entre otros de nueva propuesta– a la hora de hacer referencia a una traducción teatral (Braga Riera 2011: 61). El término "traducción" intuye una mayor cercanía al original. En este sentido, hemos de aclarar que la recogida en la presente edición es una traducción, puesto que no se ha versionado o adaptado la obra original de ninguna manera.

A nuestra traducción no se le han impuesto directrices concretas para abordarla, lo que posibilita que la traslación se pueda acercar más al texto original. Nos mantenemos fieles al texto, y a sus elementos culturales, de modo que los reflejamos y se los acercamos al lector hispanohablante bajo la perspectiva de una obra dramática que muestra el pensamiento griego de Kambanelis. Asimismo, hemos atendido a la dimensión oral del texto, reflejando el habla que se materializa en escena. Por ejemplo, se ha perseguido hacer el texto fluido y, por supuesto, lo más natural posible en español.

Como cabe esperar desde la perspectiva de la traductología, para la traducción de *Nuestro gran circo*, ha resultado ser fundamental el respeto del texto original, sus circunstancias –lingüísticas, textuales, culturales y pragmáticas– y las que posiblemente tendrían vertidas al español. Por consiguiente, es lícito el comentario de los aspectos que continúan.

Si se tienen en consideración las singularidades de la lengua que utiliza el autor y los recursos que constituyen el estilo de la obra, se puede decir que se han empleado equivalentes que persiguen ser funcionales. Esto significa que pretenden causar efectos semejantes a los que producen originalmente. Así, por ejemplo, se identifican las siguientes traducciones:

- "¡Pero majadero, cuando simplemente tienes razón, de alguna manera te las apañas…! ¡Pero, si tienes muchísima razón, estás condenado! Ya se sabe", donde *majadero* dispone del mismo sentido y la misma expresividad que el sintagma original;

- "¡Esta vez me voy a llevar muchos palos! ¡Unos palos diferentes, unos palos importantes", donde se consigue emplear la expresión idiomática *llevarse unos palos* y realizar las repeticiones del sustantivo que se distingue en la misma;

- y "¡Quien antes nace, antes pace!", donde se emplea un refrán que presenta rima.

Sin embargo, las traducciones de las canciones que aparecen en la pieza, las cuales presentan esquemas métricos y rimas propias, se han visto despojadas de tales recursos en la mayoría de las ocasiones. Al igual que sucede en la traducción (no poética) de poesía, la justificación de este hecho se encuentra en la necesidad de transmitir su contenido semántico, de manera que el lector de los textos tenga acceso al mismo de forma fidedigna. Por otro lado, si la obra pudiese ser llevada a escena en español, un músico y/o letrista –basándose en dichos textos veraces y teniendo la formación musical adecuada– podría llevar a cabo las adaptaciones pertinentes.

En cuanto a los *realia* que se aprecian en el texto, es decir, aquellos términos inherentemente vinculados a la cultura griega –u otras orientales– que no encuentran equivalentes directos en español, estos han sido transcritos en diversos casos, por ejemplo, los sustantivos *kleftis*[29], *armatolós*[30], *akrites*[31] y *jalvás*[32]. Además, dado el elevado número de referencias históricas y/o culturales, entre

---

[29] *Vid.* comentario 36, p. 166.

[30] *Vid.* comentario 59, p. 169.

[31] *Vid.* comentario 92, p. 174.

[32] *Vid.* comentario 85, p. 173.

las cuales también se aprecian las anteriores, se han agregado comentarios que posibiliten consultar cómodamente posibles dudas al respecto.

Como apunte sobre la transcripción del griego moderno al español, cabe destacar que, para la elaboración de la presente edición, y salvo en aquellas excepciones que se encuentran completamente acuñadas, las transcripciones de sustantivos y nombres propios neohelénicos se han realizado atendiendo a la normativa establecida por el Centro de Estudios Bizantinos, Neogriegos y Chipriotas de Granada.

Por último, Károlos Koun, cuando habla de la literatura griega hacia otras lenguas, y, en concreto, de una obra de Kambanelis al ruso, dice:

(…) Por esta misma razón me parece difícil la traducción de escritores griegos contemporáneos. Son muy vivos, tienen mucho contenido, y su transferencia a una lengua extranjera no les hará justicia. (…) Me resultaría difícil que me gustara en una lengua extranjera. El teatro de Kambanelis es griego por excelencia, es un teatro que nos hace pensar sobre nuestros problemas o que los resalta de forma clara, proyectándolos a través de fuertes imágenes griegas, dentro de un mundo en el que sus estímulos nos tocan y nos conmueven (Koun 1990: 187-188).

Con el deseo de haber conseguido hacerle justicia al dramaturgo griego en español, esperamos que disfruten de la traducción de *Nuestro Gran Circo*, una obra valiente y avanzada a su tiempo, como una pequeña muestra de la cosmovisión e inventiva teatral de Kambanelis, un autor definitivamente avanzado a su época.

EL AUTOR SOBRE LA OBRA

Antes de que escribiese *Nuestro gran circo*, había dicho muchas veces, en muchas circunstancias, que nuestra tierra se parece a Saturno, el dios que se comía a sus hijos[1]. Por eso también el texto hace referencia a Saturno tan a menudo, por eso le dediqué la primera escena de la obra, por eso en la representación pusimos dos grandes serpientes en un lugar destacado[2]. Teniendo en tal contexto este símbolo tan representativo, el espectador tenía una primera advertencia de lo que íbamos a decir.

La obra se escribió para darle al público que se reúne en el teatro la oportunidad de acudir con un objetivo claro. Le dio al espectador la posibilidad de relacionarla directamente con la situación política. Teníamos una dictadura. Era necesario que nos juntásemos y nos volviésemos en contra de todas las negativas. Incluso de esas que uno puede animar con las risas y los aplausos en una representación teatral.

Y lo conseguimos. Cada noche cientos de personas, sintiendo la seguridad de la multitud, podían gritar, juzgar y protestar libremente. Me atrevo a decir que las representaciones del *Circo* se incluyen entre las pocas y las primeras reuniones públicas de carácter político que tuvieron lugar durante tal periodo. Especialmente después de la detención de Karezi y Kazakos en noviembre de 1973. Cuando fueron excarcelados, las representaciones de la obra ya habían pasado do perfectamente a ser de un acontecimiento teatral a uno político.

Desde un principio, la obra tuvo que sortear las *simplégades*[3] de la censura. Se presentó con el pasaporte falso de una obra histórica, fragmentada y desordenada, para que no fuese perceptible el sentido que conforma. A su vez se presentaron episodios que no iban a representarse, que habían sido escritos adrede para que la censura los recortase, es decir, para que sirviesen de pararrayos, para que se salvasen los otros. Con esta táctica, las pérdidas producidas por los recortes no nos estropearon la obra. Sin embargo, después de noviembre, las normas de la censura nos llegaban de seguido, sin interrupción, y no solo desde un servicio sino desde diversos, es decir, los políticos, los policiales y los militares. La obra perdía texto de continuo, pero –qué extraño– su fuerza en el escenario seguía bastando e incluso sobraba.

Naturalmente, ahora la obra se ha publicado sin ningún recorte. Y con ello deseamos que no volvamos a perder el derecho inalienable (y sin embargo alienable) de que pensemos, escribamos y representemos nuestras obras libremente ante espectadores libres.

Iákovos Kambanelis (del programa
de la representación de la obra)

En el verano de 1973, Tzeni Karezi y Kostas Kazakos estrenaron *Nuestro gran circo*. La obra alcanzó el mayor éxito en la historia de nuestro teatro, con más de 400.000 espectadores en Atenas y en las ciudades de provincia. Sin embargo, esto no lo sabía nadie cuando ambos decidieron estrenarla. En aquel momento lo estaban arriesgando todo y muchos amigos suyos les aconsejaban que no siguiesen hacia delante. No se amedrentaron. Ahora que la obra se publica, me siento en la obligación de recordar en primer lugar aquel atrevimiento suyo, que no debe ser ni despreciado ni encubierto por el éxito posterior.

Iákovos Kambanelis (del programa
de la representación de la obra)

NUESTRO GRAN CIRCO

PRIMER ACTO

COMIENZO

(Entran Romiós y Romiaki).
Romiaki: Tengo una idea…
Romiós: Te escucho…
Romiaki: Tú, quédate aquí… Yo voy a ver dónde está la escena y, si la encuentro, te llamo y vienes…
Romiós: ¡Muy bien…!
Romiaki: (*buscando…*). ¡No la encuentro…!
Romiós: ¡Me la trae al fresco…!
Romiaki: (*a los espectadores*). ¿Vosotros sabéis dónde está la escena…? ¿Aquí…? ¿Allí…? ¿O allí abajo…? ¡Normalmente deberían habernos dicho dónde está, pero parece que ni siquiera ellos lo saben! ¡Y ahora, si voy adentro y les digo que no existe ninguna escena, puede que me miren de reojo y que digan que soy anarquista…! (*a Romiós*). Yo digo que nos quedemos aquí en medio. ¿Tú qué dices?
Romiós: ¡A mí me da igual! ¡Yo lo diré, me pongas donde me pongas!
Romiaki: Ya sabes que me han dado una patada y una colleja, y que me han dicho "Sal fuera, empezamos…". "¿Y por qué me pegáis?" les digo… "Para que entres en el ambiente de la obra" me dicen… ¿Y qué quiere decir el ambiente de la obra?
Romiós: ¡La atmosfera, el estilo, la esencia!

ROMIAKI: Es decir, Señoras y Señores, la patada y la colleja que recibí han sido una señal de qué tipo de obra veréis y de que la función comienza… (*a Romiós*). Pero yo no lo he digerido y les digo… "No os da vergüenza pegarme así en el lugar en que nacieron Esquilo, Sófocles…".

ROMIÓS: …Eurípides, la Democracia…[4]

ROMIAKI: Sí…, de modo que me vuelven a dar más collejas y pata-
das y me dicen "Sal enseguida a contar el historial de nuestro
nuevo circo y a predisponer a los espectadores a nuestro favor…".
Yo he salido y, ya que trabajo en el circo, haré lo que me han
dicho, pero… (*a los espectadores*) que me den si consigo ponerlos
a su favor… Pero, se me ha olvidado lo que tengo que contar…

ROMIÓS: No importa, hablaré yo hasta que lo recuerdes… Señoras y Señores, buenas noches. Ya que nuestra función refiere
muchos acontecimientos, episodios y épocas, la chica de aquí
y yo os informaremos en líneas generales sobre dónde nos encontramos y por qué… Antes de empezar, permitidme que os
informe sobre algo acerca de mi persona: soy un interno de un
psiquiátrico…, pero no hay que preocuparse, soy completamente
inofensivo. Por otro lado, mi enfermedad es muy común, tiene
bastantes particularidades nacionales, y además podría calificarla
de bastante patriótica… En pocas palabras, Señoras y Señores, mi
enfermedad consiste en que –como tantos otros griegos– quería
ser primer ministro. Esta es la razón por la que dijeron que estaba
loco de atar y en efecto me ataron. En consecuencia, se me aplicó
la terapia correspondiente, la cual es igualmente simple. Es decir,
te atan hasta que se convencen de que no vas a ser primer ministro.
Automáticamente se te considera inofensivo y te dan el alta. Ya
que mi enfermedad era de naturaleza política, me recomendaron
quedarme un veranillo en el teatro para recuperarme. Para ser
sincero y que me pueda dedicar al teatro, tenía la aspiración de
ser contratado para hacer del guapo y vestirme al último grito de
la moda. Pero, desafortunadamente me han contratado de listo.
Sé que para un actor esto es despectivo, ¡pero uno necesita hacer
muchas cosas para ganarse el pan! (*a Romiaki*). ¿Te has acordado
ya de lo que tienes que contar?

ROMIAKI: ¡De todo!

ROMIÓS: ¡Bien, cuéntalo!

ROMIAKI: ¿Tú has dicho buenas noches?

ROMIÓS: Lo he dicho…

ROMIAKI: ¡Entonces no lo vuelvo a decir yo!

ROMIÓS: ¡No!

ROMIAKI: Yo, Señoras y Señores, os daré algunas informaciones útiles sobre nuestro circo. Como es sabido, se llama Ateneo y se encuentra en Atenas, la cual tiene dos patrones, la diosa Minerva y san Dionisio Areopagita[5]. La dirección exacta de nuestro circo es calle 28 de octubre, número 58. Como es sabido, el nombre 28 de octubre es un seudónimo de la calle Patision[6].

ROMIÓS: Como ven, la pista de nuestro circo tiene una peculiaridad, pues no recuerda ni a un circo ni a un teatro. Esto, Señoras y Señores, se debe a otra peculiaridad.

ROMIAKI: En nuestro circo solo actúan actores, no tenemos elefantes, ni caballos que bailan, ni tigres, leones, focas, perritos y demás.

ROMIÓS: Hemos preferido actores, es decir, personas, ya que son más baratas y más divertidas. No sé si estaréis de acuerdo conmigo, pero tengo la opinión de que, para nosotros, las personas, el espectáculo más divertido son las personas… Ya veis… Los pobres animales, los pequeños y los grandes, tienen una vida en la que poder representar una buena comedia no les ayuda para nada. Por el contrario, son muy buenos en obras serias. ¡Pues una razón más para tener personas en nuestro circo es porque nuestra obra es una comedia! ¡Y por supuesto una comedia histórica, género que exige de los actores que sean divertidos al máximo… para corresponder con la verdad!

ROMIAKI: Deja que yo también diga algo…

ROMIÓS: Por favor…

ROMIAKI: Es decir, Señoras y Señores, que, excepto estas dos serpientes, no tenemos ningún otro animal en nuestro circo. Pero no os puedo contar más sobre estas dos serpientes, porque nos lo ha prohibido la dirección del teatro... ¿Y saben por qué...? Porque las dos serpientes ni pertenecen a la compañía ni están inscritas en el gremio. Han venido por sí mismas... Y, como comprenderéis, nadie se ha atrevido a preguntarles "¿Qué hacéis aquí?". Ni el supervisor de Hacienda que emite las entradas. Hemos dicho de llamar a Alejandro Magno o a san Jorge para echarlas[7], pero ambos faltan porque están de viaje...

ROMIÓS: Hablas mucho...

ROMIAKI: ¡Me gusta!

ROMIÓS: Era completamente innecesaria tanta verborrea sobre dos culebritas en las que ni siquiera se habrían fijado (*a los espectadores*). Pero ya que surgió el tema, os recomiendo que no os acerquéis... ni para echarles pistachos o patatas fritas o rosquitos... No servirá para nada, no se los comen...

ROMIAKI: ¡Solo se comen a las personas...! Pero no a los espectadores..., solo a los actores. Afortunadamente, no hemos tenido ningún caso de espectadores.

ROMIÓS: ¡Hasta el presente...! Y ahora, en cuanto a nuestra obra...

ROMIAKI: Por supuesto... Nuestra obra, Señoras y Señores, no tiene ni trama ni fuegos artificiales. ¡Por lo contrario, tiene música, canciones y danza, porque dicen que es una obra para desconectar y desahogarse...!

ROMIÓS: ¡Quiere decir que era imposible que mantuviésemos nuestra obra bajo control! Querían, digámoslo así, libertades que no tiene nuestra sobria vida cotidiana. ¿Qué nos pasa cuando pensamos en cosas que no nos caben en la mente? ¡Nos volvemos locos!

ROMIAKI: ¡Pues sí! ¿Qué hacemos si queremos decir algo y no nos cabe en la conversación? ¡Nos ponemos a cantar, porque la canción es una conversación que enloqueció…! Y si no nos basta con la canción, ¿qué hacemos? Nos ponemos a bailar…, porque la danza es una canción repetida que ha vuelto a enloquecerse.

ROMIÓS: ¡Es suficiente…! Y ahora una última aclaración. Dije que nuestra obra es una comedia. Pero no lo es porque simplemente se escribió así o porque lo decimos nosotros. Es comedia por otra razón más seria y mucho más válida: la registramos como comedia, se la presentamos a la censura como comedia y fue aprobada como comedia mediante la resolución número 199. Con esto no quiero decir que conforme a cierta ley estén obligados a reírse. ¡De ningún modo! Simplemente destacamos que cualquier parecido de nuestra comedia con el drama es pura casualidad.

ROMIAKI: ¡Señoras y Señores, ahora podemos comenzar…!

(*Entra el cantante y, justo después de haber entrado en la sala, irrumpe el pueblo de la obra y cantan todos juntos*).

BUENAS NOCHES

Buenas noches, señores,   bienvenidas, señoras.

Bienvenidas, señoras,   buenas noches, señores.

Las abejas recolectaron el polen,   lo trajeron a la fiesta.

Las abejas amasan la miel,   sol mío, come y que no te importe.

Las serpientes trajeron el veneno,   los mozos con las ganas.

En el barril fermenta el vino,   sol mío, bebe que no te importe.

Con lo que diga y con lo que vean,   no se me sorprendan.

¡Cuanto quepa en verdad,   los cuentos no lo soportan!

CANTANTE-PUEBLO:

> Quiero tenerte y que me tengas,
> que poseas mis secretos.
> Tus ojos son mi cielo
> y tu canción, mi pena.
> Mar zarco es tu delantal;
> astros adornan tus cabellos.
> Cuando el lucero del alba brille,
> el sol vendrá a raptarte.
> Tendrá violines para danzar
> y regalos para seducirte.

ROMIÓS-ROMIAKI: (*interrumpiendo*).

> Verdísimo está el sol,
> del color del mar el campo.
> Corta peces de la vid,
> y de la higuera queso.
> Lléname de la fuente
> la cesta con vino.

CANTANTE-PUEBLO:

> San Jorge mío, jinete,
> sal alto en el cabecero.

Ponte también tu armadura
a horcajadas en el caballo y apresúrate.
El dragón te llama para que mates
a la muchacha para que te liberes.
La muchacha es tuya y es dulce como tu pan.
¡Y fresca como tu vino la muchacha es tuya!

ROMIÓS-ROMIAKI: (*interrumpiendo*).

En el prado pastan barcas.
De hierba se llena el cielo.
Sale el sol por el oeste.
Cacarea el lucero del alba.
El lobo patea los huevos,
¡los que puso el gallo!

SATURNO

(Entran el rey, el sacerdote y el acomodador[8] llevando una cuerda gruesa en cuyo extremo hay una amplia soga. Mientras hablan, señalan a Saturno, la gran serpiente de la escena, le suplican a este y le dirigen sus oblaciones).

REY: ¿Veis a ese de allí arriba que se parece a un dragón? No es un dragón. ¡Es el todopoderoso dios Saturno! ¿Veis también a su lado a esa señora que se parece a una dragona? No es una dragona. Por la Madre de la Divina Gracia, es la diosa Ops[9], su mujer. ¡Ahora Saturno está insultando a Ops! ¡Le está diciendo que la va a ahogar, que la va a hacer pedazos, que la va a arrojar al Tártaro! Ella se pone tensa y le grita "¡Prefiero el Tártaro a que me tengas para que te dé hijos y te los comas! Borrachín, dictador, tragón, monstruo insaciable". En cuanto a nosotros (también vosotros os lo preguntaréis con razón), ¡¡¡¿qué nos importan esos altercados de allí arriba?!!! ¡Si vosotros también sois griegos y os duele vuestra tierra, no tengáis prisa y lo comprenderéis todo!

SACERDOTE: Cuando el dios Saturno llegó por primera vez a Grecia, se quedó boquiabierto: "Madre mía, qué bella tierra, me estableceré aquí y seré el dios de los griegos para siempre". ¡Y así, bendito sea su nombre, se convirtió en nuestro dios y vivimos muy feliz, tranquila y armoniosamente! ¡Sin embargo, ahora su mujer le ha hecho un gran mal! ¡Un día él se muere de la pena y al otro se levanta de la cama y dice que está decepcionado y que se va a largar de aquí! En cuanto a nosotros (vosotros os lo preguntaréis con razón), ¡¡¡¿qué nos importan esos follones de allí arriba?!!! ¡Si vosotros sois griegos y os duele vuestra tierra, no tengáis prisa y lo comprenderéis todo!

ACOMODADOR: ¡El dios Saturno tiene un vicio sano! Será porque no le gustan los niños, será porque no confía en las nuevas generaciones, será porque no quiere sucesores; en cuanto que Ops le da algún hijo, él lo coge, se lo come y se queda tan pancho. ¡Nosotros, como creyentes devotos, hemos seguido su ejemplo y hemos visto muchas cosas buenas! A aquel que de los nuestros no hace lo que le decimos nos lo comemos y así nos quedamos tranquilos. ¡Pero ahora la cosa se va a echar a perder! ¡Por eso, si sois griegos y os importa vuestra tierra, echad una mano porque si no estamos perdidos!

REY: ¡Todo lo malo viene de su mujer! ¡Ops no soporta darle hijos para que se los coma! Y en estos últimos tiempos en los que ha dado a luz a Júpiter[10], ha hecho toda una conspiración para salvarlo. ¡Cogió una piedra alargada, la envolvió en pañales, la empapó de leche para que oliese como un niño y, en cuanto que Saturno gritó "Tengo hambre", empezó a llorar, "Ay, mi niño, ay, mi niñito", ¡y le pasó la piedra! ¡El otro tenía hambre, no se percató y se la tragó! Y así es como Júpiter se ha librado por ahora, está escondido y a saber lo que está tramando. ¡Por eso, si vosotros sois griegos y os importa vuestra tierra, ayudad porque ya estamos perdidos!

SACERDOTE: ¡Ayudad! ¡Porque lo que ha pasado con Júpiter es impío, una revolución, un cambio, una anarquía! ¡Y ha ocurrido aquí, en la pobre Grecia! ¡Compadres, nos ha pasado lo mismo que a Adán y a Eva! ¡Por eso le llevamos al mejor que tenemos para que tenga que comer, para que no se nos vaya! ¡Dad también vosotros al que os guste que se lo coma Saturno para que se apiade de nosotros y para que nos perdone!

PLEGARIA: (*la cantan los tres*).

Saturno mío, no queremos que cambie
el orden que estableciste.
Entre algodones te tendremos,
entre algodones, entre algodoncitos.
¡Con carne humana
rica, tierna y saludable
te alimentaremos!

SACERDOTE: ¡El clima es templado, la primavera dulce, el invierno suave! ¡Prevemos que vamos a sacar de dos a tres grandes poetas por región y te los vamos a llevar para que te los comas y que no te nos vayas!

PLEGARIA:

¡Con carne humana,
rica, tierna y saludable
te alimentaremos!

ACOMODADOR: ¡Somos gente del mar, viajamos, oímos y vemos cosas verdaderamente maravillosas! ¡Nuestro aire puro permite la investigación científica y la observación! ¡Produciremos por lo menos un gran sabio cada año para llevártelo, que te lo comas y que no te nos vayas!

REY: ¡Nuestra tierra es fértil, a todos da de comer, prosperaremos rápido, haremos cuantiosos progresos con ideas liberales! ¡Tenemos todos los dones para hacerlo, incluso la democracia y los demócratas que llevarte para que te los comas y que no te nos vayas!

PLEGARIA:

¡Con carne humana,
rica, tierna y saludable
te alimentaremos!

SACERDOTE: Nuestra posición geográfica es de paso obligatorio. ¡Tendremos continuas invasiones y guerras de independencia! ¡Continuamente tendremos trifulcas con los extranjeros y entre nosotros mismos! ¡Nunca nos faltarán los ideólogos, los hombres bravos, los mártires, todos cuantos dan un buen ejemplo! ¡Tendrás de comer cuanto quieras, para que no te nos vayas!

PLEGARIA:

Saturno mío, no queremos que cambie
el orden que estableciste.
Entre algodones te tendremos,
entre algodones, entre algodoncitos.
¡Con carne humana
rica, tierna y saludable
te alimentaremos!

(*Mientras tanto han acorralado al pueblo dentro de la soga y lo conducen hacia Saturno*).

EL ORÁCULO Y DEMÓSTENES

ROMIÓS: Y ahora, poco a poco, y algo perplejos hasta que no cojamos carrerilla, nos adentramos en nuestra historia. No nos detendremos mucho en los viejos tiempos…

ROMIAKI: ¡¿Qué nos importa a nosotros lo que pasó en otros tiempos?!

ROMIÓS: ¿Qué haces tú aquí?

ROMIAKI: ¿No lo vamos a contar juntos?

ROMIÓS: ¡Ve a cambiarte, en breve vas a hacer el papel de la Pitonisa[11]!

ROMIAKI: ¿No habíamos acordado que no iba a actuar?

ROMIÓS: ¡Ve a hacer lo que te dicen, es una oportunidad, si no pondrán a otra a que actúe!

ROMIAKI: ¿Para qué mencionas a otra? ¿Para asustarme? ¿Qué te apuestas a que yo lo voy a hacer mejor…? (*se va*).

ROMIÓS: Señoras y Señores, perdón por la interrupción… Decía pues que no nos íbamos a detener mucho en los tiempos antiguos, a pesar de que –como es sabido– la historia se repite. Haremos una parada en el Oráculo de Delfos[12], en los tiempos en que se hacía y se deshacía. Otra en Constantinopla[13] antes de que la perdiésemos. Y luego… ¡Bueno, luego navegaremos por aguas actuales y atracaremos a nuestro gusto, dado que conocemos mejor el fondo! ¡Así que ahora estamos en el Oráculo de Delfos! ¿Sabéis por qué? Filipo de Macedonia[14] quiere dominar a los demás, pero los griegos no quieren. Por ejemplo, el ateniense Demóstenes[15] está tan en contra que no solo se ha hecho famoso por su amor hacia la independencia ateniense, sino también por su odio hacia los macedonios. ¡Naturalmente, Filipo no se va a morir de la preocupación por algo semejante! ¡Pero cuando las falanges de su ejército bajen a Grecia, sería bueno que también tuviesen la bendición del dios Apolo[16]! Es un dios, es un profeta, un especialista en los planes futuros. Un vaticinio suyo hará que los griegos aguanten más fácilmente a Filipo.

(*Se le acercan amenazantes los Macedonios 1 y 2*).

MACEDONIO 1: Emisarios del rey Filipo de Macedonia.

ROMIÓS: Habéis llegado antes de lo que pensaba.

MACEDONIO 1: Avisad de que hemos llegado.

ROMIÓS: Yo no, te equivocas…

MACEDONIO 1: ¿No está aquí el Oráculo?

ROMIÓS: Al fondo (*se va*).

MACEDONIO 1: (*al Sacerdote que viene apresurado desde dentro*). ¿Está listo el vaticinio?

SACERDOTE: Casi, casi…

MACEDONIO 1: ¿Todavía no lo tenéis?

SACERDOTE: ¡Estamos terminando!

MACEDONIO 2: ¡Es la tercera vez que venimos!

SACERDOTE: Pero si sabéis que hemos tenido unos follones tremendos con los antiguos. Nos hemos visto implicados para liberar al Oráculo de las antiguas influencias… ¡Hubo hasta palos!

MACEDONIO 1: ¡Eso se acabó con nuestra intervención! Sigue hablando…

SACERDOTE: …Los atenienses, los espartanos y los demás partidarios tenían a muchos sacerdotes suyos aquí dentro, ¡un partido entero! No ha sido fácil echarlos de aquí…

MACEDONIO 2: Sigue, sigue…

SACERDOTE: Si ya estamos trabajando para vosotros, ¿por qué os enfadáis?

MACEDONIO 1: ¿Qué ha pasado con vuestro sumo sacerdote? ¿Habéis elegido al nuevo?

SACERDOTE: Por supuesto, ¡ese que nos ha indicado Filipo! ¡Ha sido un triunfo, fue elegido por unanimidad!

MACEDONIO 2: ¿Dónde está? ¡Id inmediatamente a traerlo aquí!

SACERDOTE: …Ya sale. Me dijo que fuese y ya estoy de vuelta…

MACEDONIO 1: Filipo quiere el vaticinio sin dilación para mañana por la noche.

SACERDOTE: ¡Lo sé…!

MACEDONIO 1: ¿Entonces por qué tardáis? En Atenas, ese Demóstenes incita al pueblo en contra de nosotros. En Esparta y en Argos, lo mismo y peor.

SACERDOTE: Dejadlos que hablen, vosotros tenéis tanto ejército que…

MACEDONIO 2: No quiero lecciones. ¡Inventad un vaticinio que lo coja y me vaya! ¿Por qué se ponen tan tiquismiquis con las cosas?

SACERDOTE: Pero no… Helo aquí, viene nuestro sumo sacerdote…

SUMO SACERDOTE: Que Apolo bendiga a Filipo y a todos los macedonios.

MACEDONIO 1: Primero mi enhorabuena por haberse hecho cargo de sus responsabilidades.

SUMO SACERDOTE: Muchas gracias, gracias por todo –tú sabes–. Díselo a nuestro querido amigo, el protector y piadosísimo Filipo.

MACEDONIO 2: ¿El vaticinio dónde está?

SUMO SACERDOTE: (*al sacerdote*). ¡Vete y diles que se den prisa! (*el sacerdote se va*). Todo bien. Dentro de poco empezamos.

MACEDONIO 1: ¡No se necesitan tantísimas cosas! ¿Quiere que le vuelva a decir cuál debe ser el sentido?

SUMO SACERDOTE: No es necesario.

MACEDONIO 1: ¡Entonces sienta a la Pitonisa en el banquillo para que ella diga el vaticinio y que yo lo coja y me vaya!

SUMO SACERDOTE: ¡...La hemos perdido!

MACEDONIO 1: ¿A quién han perdido?

SUMO SACERDOTE: ¡A la Pitonisa...! Ha desaparecido entre las grescas del cambio... ¿Veis a todos esos de alrededor que están buscando? ¡La buscan a ella!

MACEDONIO 2: ¿Acaso no quería colaborar con nosotros?

SUMO SACERDOTE: ¡No lo descarto en absoluto!

MACEDONIO 2: ¡Que la detengan!

MACEDONIO 1: ¿Y qué hacemos ahora?

SACERDOTE: ¡Habíamos formado a una nueva a prisa y corriendo! ¡Aplicamos un método de enseñanza acelerado! Haciendo un poco la vista gorda, haremos nuestro trabajo...

MACEDONIO 1: No se necesitan tantísimas cosas.

SUMO SACERDOTE: Lo normal.

(*Se escuchan voces desde dentro. La Pitonisa viene hacia aquí dando tumbos. El sacerdote la sigue sobresaltado*).

PITONISA: ¡No, no, no! Allí dentro, con esa humareda, yo no me siento por mucho que me prometas. Les diré lo que quieran aquí fuera, al airecillo libre...

SUMO SACERDOTE: ¿Qué pasa?

SACERDOTE: Ella no se quiere sentar sobre el humo bajo ningún concepto...

SUMO SACERDOTE: (*a la Pitonisa*). ¿Pero no hemos acordado...?

PITONISA: ¡Sobre el humo no hemos acordado nada...! Cuidado con la cosa... (*al macedonio 1*). Me pusieron encima del humo para ahumarme... ¿Qué soy yo, carne ahumada...?

SUMO SACERDOTE: Pero tienes que marearte, ¿cómo sino vamos a comunicarnos con el dios?

PITONISA: ¿No me he bebido todo el vino que me habéis dado? ¡Ea, ni siquiera puedo mantenerme en pie…, estoy perfectamente…! ¿Qué más quieres?

SACERDOTE: ¡El humo también es necesario!

PITONISA: No es necesario… Escucha lo que te digo, que yo sé. Yo a los dioses los veo con nada… Pues eso, fíjate. ¿Quieres que te diga qué dios es ese? (*se refiere al macedonio 1*). Es el dios Marte[17], el guapetón. ¿A que sí?

MACEDONIO 1: ¡No soy Marte!

PITONISA: ¡Y sin embargo eres un calco…! Dime, ¿de dónde eres?

MACEDONIO 1: ¿Vas a hacer primero lo que te diga?

PITONISA: A mí dime algo bonito y soy tuya.

MACEDONIO 1: Dame la mano y nos vamos juntos adentro.

PITONISA: Lo que quieras, pero aquí fuera… Me da tos allí dentro, estaba a punto de ahogarme.

MACEDONIO 1: ¡Traed el trípode fuera…!

SACERDOTE: Pero fuera…

MACEDONIO 1: ¡No seáis puntillosos! Evolucionad…

SUMO SACERDOTE: (*al sacerdote*). Traedlo fuera…

(*Se van con el macedonio 2 para traerlo*).

PITONISA: (*al macedonio 1*). ¿El vaticinio lo quieres tú?

MACEDONIO 1: Yo…

PITONISA: ¿Cuánto has pagado?

SUMO SACERDOTE: No hables que te cansas.

PITONISA: ¿Qué vas a hacer con él?

MACEDONIO 1: Debo llevarlo a algún lugar.

PITONISA: O sea que te vas.

MACEDONIO 1: ¡Volveré!

PITONISA: Ah, no… Eso ya nos lo han dicho antes… Si no me das tu palabra de que te vas a quedar, ¡no habrá vaticinio!

MACEDONIO 1: (*al sumo sacerdote*). Las cosas se ponen difíciles…

SUMO SACERDOTE: Es mujer. Lisonjéala un poco…

MACEDONIO 1: Si me dices el vaticinio, ya verás lo que yo te voy a dar.

PITONISA: Yo ahora quiero cantar una cancioncilla…

SUMO SACERDOTE: Ahora no…

PITONISA: (*al macedonio 1*). ¿Cómo te llamas?

MACEDONIO 1: ¡Evros!

PITONISA: ¡Yo me llamo Flor! ¿Lo recordarás?

MACEDONIO 1: ¡Por supuesto!

PITONISA: Si lo olvidas, ¡no volveré a hablarte!

SACERDOTE: (*que ha traído el trípode*). Vamos ya, siéntate aquí.

PITONISA: ¡Ah, gracias, eres muy amable! ¿Vosotros dónde os vais a sentar?

SUMO SACERDOTE: Nosotros tenemos que arrodillarnos.

PITONISA: (*al macedonio 1*). ¡Tú aquí a mi lado! Quiero mirarte a los ojos.

SUMO SACERDOTE: Concéntrate ahora…

PITONISA: (*al macedonio 1*). ¿Yo te gusto?

MACEDONIO 1: ¡Mucho!

PITONISA: Entonces no te vayas, ya que ves que esto es mutuo.

SUMO SACERDOTE: ¡Basta, Flor, también tenemos trabajo!

PITONISA: Claro que sí… ¡Debo contactar con el dios Apolo, con Febo[18], el portador de profecías…! Para quitarnos de encima a la mala persona que es Demóstenes y a los griegos…

SUMO SACERDOTE: Concéntrate y no hables.

PITONISA: ¿Qué es mejor? ¿Que le hable con la mente o con mi voz?

SUMO SACERDOTE: ¡Con tu mente…! ¡Debes llegar al éxtasis!

PITONISA: ¡No puedo con mi mente, se me olvida! Solo puedo si hablo…

Macedonio 2: Que lo haga como quiera…

Sumo Sacerdote: Hazlo como quieras…

Pitonisa: ¡Eh, por supuesto, es la primera vez y encima estoy como una cuba…! Oh, Apolo… Escúchame y aconséjame.

Sacerdote: Bien.

Pitonisa: El rey de Filipiada, el macedonio, quiere hacer una parada en Tebas, en Queronea, en Atenas, en Esparta y en toda Grecia, para unirnos mediante la discordia como un Estado que marcha hacia el futuro…

Macedonio 2: ¿Pero qué bobadas está diciendo?

Sumo Sacerdote: …Escucha, Flor, no hace falta que me des el parte…

Pitonisa: No me pares, me voy a confundir… Pero los griegos, ya que la ocupación es segura como la simple Macedonia de las alianzas, y estando todos unidos, le dicen que no al Filipón de las alianzas y se pone en peligro la difícil situación de nuestro Oráculo…

Macedonio 1: (*al sacerdote*). ¡Pues no…!

Sumo Sacerdote: ¿Por qué no? Es costumbre que la Pitonisa diga lo que le viene en gana…

Macedonio 1: Nos demoramos por las tonterías…

Sacerdote: (*a la Pitonisa*). Oye, Pitonisa, eso te lo hemos dicho para que tú sepas lo que pasa, no hace falta que se lo digas al dios.

Pitonisa: ¿Y que no se entere de lo que está pasando?

Sumo Sacerdote: Apolo lo sabe.

Pitonisa: ¿Quién se lo ha dicho?

Sumo Sacerdote: ¿El dios tiene la necesidad de que se lo digamos nosotros?

Pitonisa: Bueno, ¿y entonces qué le digo?

SUMO SACERDOTE: ¡Pero si te lo habías aprendido con pelos y señales!

PITONISA: ¡Silencio todos, ya me acuerdo! (*a Apolo*). ¿Lo has entendido ya...? ¡O sea, que el Oráculo del Vaticinio y el Filipón de las alianzas, al ser más fuertes para que no escuchen a Demóstenes, consiguen que nosotros estemos con él, de modo que así los griegos también lo quieren porque tú lo dices! Es decir, que este actúe como el más fuerte y tú como un santo, pero que los demás os tomen en serio y que acabes con los Demóstenes ante el ejército de Filipón y que se vayan a freír espárragos los oradores de las alianzas. ¿Y ahora qué opinas tú?

MACEDONIO 2: Sabemos cuál es su opinión, no la nece...

PITONISA: ¿Nos esperamos un poco a que te lo pienses?

MACEDONIO 1: (*a la Pitonisa*). ¡No hace falta...! Di el vaticinio que hemos dicho y ya está.

PITONISA: ¿Sin que el dios me lo diga primero?

SUMO SACERDOTE: Dilo tú directamente. Lo mismo da...

PITONISA: ¿Él quiere?

SUMO SACERDOTE: Lo sabe, lo hemos acordado. ¡Tú solo di el vaticinio...!

PITONISA: Se me ha olvidado...

SUMO SACERDOTE: (*intenta hacerle recodar, pero se detiene*). A mí también se me ha olvidado (*al sacerdote*). Recuérdaselo...

SACERDOTE: ¿...Cómo era exactamente...?

MACEDONIO 2: ¿A ti también se te ha olvidado?

SACERDOTE: ¡Lo tengo en la punta de la lengua... pero no me sale!

MACEDONIO 1: (*con fiereza*). ¿Vosotros estáis en posición de controlar el Oráculo? ¿Sí o no?

SACERDOTE: ¿No lo hemos hecho todo hasta ahora? ¿Crees que es posible encontrar a otros más flexibles?

MACEDONIO 2: ¡Eres un inútil!

SUMO SACERDOTE: ¡Pues entonces yo dimito!

SACERDOTE: ¿Que dimite?

MACEDONIO 2: ¡Que dimitas!

SUMO SACERDOTE: ¡No, no dimito!

SACERDOTE: ¡Ha dicho que no dimite!

SUMO SACERDOTE: ¡No dimito!

MACEDONIO 1: ¡Inventad entonces otro vaticinio que lo coja y me vaya! ¿No tenéis ni idea de política?

SUMO SACERDOTE: ¡A ver si es que no sabemos cómo se hace nuestro trabajo!

PITONISA: ¿…Por qué te vas a ir?

SACERDOTE: ¡Silencio…! …Está diciendo algo…

PITONISA: (*al macedonio 1*). Cuando te vayas…, que no te vayas… y, cuando vengas, que vengas. ¿Estamos?

SUMO SACERDOTE: ¡¡¡Extraordinario!!!

SACERDOTE: ¡¡¡Perfecto!!!

SUMO SACERDOTE: (*al macedonio 1*). ¡Vamos adentro a que te lo dé por escrito!

MACEDONIO 1: ¿El qué?

SUMO SACERDOTE: El vaticinio.

MACEDONIO 1: ¿Qué vaticinio?

SUMO SACERDOTE: ¿No lo has oído? ¡Si lo ha dicho! "Quien irse no quisiere que no se fuere…"[19], es una perla de vaticinio, ¡lo dice todo sin decir nada!

MACEDONIO 1: ¡Pero si no lo ha dicho así!

SUMO SACERDOTE: Cogemos un ápice y lo ponemos a la medida de las circunstancias.

MACEDONIO 1: "Quien irse no quisiere que no se fuere". ¿Para esta chorrada hemos esperado tantos días?

PITONISA: Guapetón, primor, no les hagas caso, ¡yo te estaba diciendo a ti que no te fueses!

SUMO SACERDOTE: ¡No la escuchéis, es novata, no sabe! ¡Aquí tenemos una perla de vaticinio que dice que Filipo está destinado por el sino a hacer lo que quiera!

MACEDONIO 1: ¡Lo quiero en un documento oficial con sellos del Oráculo!

SUMO SACERDOTE: ¡Los que quieras! ¡Seguidme! ¡Sería injusto no entusiasmar a Filipo, al que se lo debemos todo! ¡Díselo! ¡Con nuestra fuerza moral junto con sus armas, arrasaremos a todos los Demóstenes y a todo tipo de anarquistas! ¡Díselo!

MACEDONIO 2: ¡Lo sabe!

(*Todos se van al fondo excepto la Pitonisa – Romiaki*).

ANDRÓNICO[20]

(Romiaki, que se encuentra sola en la escena, empieza a quitarse enfadada el atuendo de Pitonisa, cuando ve venir a Romiós).

ROMIAKI: ¡No me vuelvas a poner a representar semejante papel porque si no te vas a enterar!

ROMIÓS: ¿Por qué? ¿Qué te ha pasado?

ROMIAKI: ¿Me has preguntado a mí si yo quería colaborar con los agentes de Filipo?

ROMIÓS: ¡No lo hagas en la vida real, pero en el teatro no hace daño!

ROMIAKI: ¿Y cómo termina esta funesta historia?

ROMIÓS: ¡Como siempre! ¡El dios Saturno se come a Demóstenes y a otros ideólogos de la libertad, y Filipo a Grecia! ¡Y ahora ve a cambiarte porque te necesito...!

ROMIAKI: ¡Oye, dime...!

ROMIÓS: ¡No tardes, tenemos trabajo...!

ROMIAKI: ¡Qué buen trabajo! ¡Otra vez vas a poner a la serpiente a que se coma a algún inocente!

ROMIÓS: No. Ahora tengo que hablar sobre un emperador bizantino.

ROMIAKI: Pues dime. ¿Todo esto te lo sacas de la cabeza?

ROMIÓS: ¡Estás en tus cabales! ¡Mis bolsillos están llenos de recortes de libros! ¡Ea, aquí tienes, este es de la enciclopedia!

ROMIAKI: A ver que lo vea... (*a los espectadores*). No es por nada... Es para que sepamos lo que dice... (*lee el recorte*). ¡Andrónico I Comneno! En 1183, por ruego –supuestamente– del clero y de la Corte, fue nombrado coemperador del emperador legítimo Alejo[21]. Dos meses más tarde estranguló a Alejo... (*a Romiós*). ¿Así de rápido?

ROMIÓS: ¡Quien antes nace, antes pace!

ROMIAKI: (*lee*). Algo después...

ROMIÓS: ... a la madre de Alejo, después a los primos de Alejo. Luego a los amigos de Alejo los envió al otro barrio...

ROMIAKI: ¡Shhh...! (*lee*). ¡Y así como único y exclusivo poseedor del poder permaneció...! Dime, altote. ¿Eso ha vuelto a suceder?

ROMIÓS: ¿Qué si ha vuelto a suceder?

ROMIAKI: Y yo qué sé... ¡A mí me recuerda a algo!

ROMIÓS: ¡Ya vuelves a hablar de más!

ROMIAKI: ¿Y después qué pasó?

ROMIÓS: ¡Se quedó solo! ¡Le gustó la soledad!

ROMIAKI: ¡Para, para, estás exagerando! ¿Era necesario acabar con todos los demás para quedarse solo? ¡Con tantos desiertos bonitos como existen!

ROMIÓS: ¡Una cosa es la soledad en el desierto y otra la soledad en el poder!

ROMIAKI: ¿O sea?

ROMIÓS: ¡Esta es una soledad peculiar que los hombres comunes no entienden! Hale, venga, vete adentro. ¿Es que vamos a ponernos de cháchara?

ROMIAKI: ¿Y por qué no nos vamos a poner?

ROMIÓS: ¡Anda, cariño, esta conversación requiere de un pensamiento más fino! Qué vas a entender si te digo que esta situación funciona como sigue: ¡Digamos que tú eres Andrónico y estás solo aquí! ¡Enfrente hay millones de gentes a las que les da asco verte! A pesar de eso, tú puedes decir lo que se te venga en gana y el que no esté de acuerdo las pasará canutas.

Romiaki: Pero bueno, como solo es uno y los otros son millones, ¡¿cómo es que no lo hacen millones de pedacitos?!

Romiós: ¿Lo ves? ¡Por eso te digo que para entenderlo hace falta un pensamiento más fino!

Romiaki: Sí, pero, ¿qué te apuestas a que a mí me recuerda a algo…?

Romiós: ¡Vete adentro rápido!

Romiaki: ¿Y por qué? ¿Porque me recuerda a algo…?

Romiós: Anda, ¡vete adentro rápido…! (*Romiaki se va*). ¡Guaaa…! Señoras y Señores, ¡yo digo que no hablemos más sobre Andrónico y su soledad! Solo una observación. ¡O sea, que con tales emperadores no es de extrañar que nuestros aliados los cruzados nos quitasen Constantinopla! ¡A ellos también les habíamos facilitado las bases, las instalaciones portuarias y los pasos hacia Oriente Medio! ¡Como es sabido, cuando la volvimos a tomar, estaba tan miserable, que nunca más se volvió a reponer! ¡Por eso incluso los turcos no tuvieron dificultades en atreverse a pegarle el tiro de gracia! Pero volvamos de nuevo a nuestro Andrónico, sobre el cual os va a contar más cosas un mendigo profesional de su época…

Mendigo: ¡Apiadaos de mí, cristianos, ayudadme a mí, el ruin y miserable! ¡Soy el único pedigüeño de la capital! Con mi pobreza insulto al imperio y al emperador. Todos sois ricos, felices. ¡Que viva Andrónico, nuestro señor! Apiadaos del muerto de hambre, la desgracia de la patria. Nuestro Estado es el más rico del universo, su florecimiento es un hito mundial. El comercio, la agricultura, las artes, todo florece y yo soy indigno de ser partícipe de la dicha infinita que nos regala nuestro emperador… Andrónico. Él que es más grande incluso que Constantino[22] y que Justiniano[23], que Basilio Bulgaróctonos[24], que Nicéforo Focás[25], que Tzimisces[26] y que todos los Comnenos[27].

¡Apiadaos de mí, hace días que no como! ¡Hace un año que no veo ni un jornal! ¡Me duelen las entrañas del hambre y los costados de los palos! (*severamente*). Cristianos, ¿cómo toleráis que os ridiculice con mi miseria? ¡No habéis escuchado a Andrónico que os dice que nunca antes habíais sido tan ricos! ¡Así de buenos! ¡Así de perfectos! ¡Así de magníficos! ¡Qué orgullo de nuestra historia y qué ejemplo para todo el mundo! ¿O es que no creéis a nuestro emperador, griegos desagradecidos, malpensados, insatisfechos? ¿Cuándo antes habíais visto tantas cosas buenas? ¿¿¿Eh??? Recordad, olvidadizos, cómo era nuestro imperio antes de que llegase... Andrónico. Nos habíamos convertido en Sodoma y Gomorra, Dios se había olvidado de nosotros. ¡La tierra no daba ni manzanilla! ¡El mar no producía peces! ¡El sol salía cuando le venía en gana, el aire había desaparecido y llovía continuamente! ¡Los ciudadanos, todos en paro y perezosos, se sentaban en las tabernas y planeaban cómo destruir al Estado! ¡Los jóvenes eran analfabetos! ¡Los estudiantes se reunían en las universidades y criticaban la sociedad! Los funcionarios públicos se tumbaban en sus despachos y jugaban a las cartas, a los dados y a darse palos. ¡Y anda que el ejército! ¡Este se había quedado anclado en los cuarteles, vigilaba las fronteras y no hacía nada más! Pero llegó... ¡Andrónico! ¡No teníamos ni agua, ni calles, ni los cielos despejados, ni lunas llenas, ni escuelas, ni puertos, ni puentes, ni banderas, ni nada...! ¡Hasta que llegó... Andrónico... y lo hizo todo! E instauró el Estado y os hicimos personas... ¡Andrónico! ¿Me daréis ahora alguna limosna? ¡Tengo hambre, cristianos! ¡Vosotros me entendéis, hablo en bizantino! ¡Si os molesta que diga la verdad, pagadme por lo menos porque tengo la valentía de expresar mi opinión! ¡Que hablo libremente y a mi manera sobre lo que siento y sobre lo que sentís y sobre lo que yo digo mientras que vosotros cerráis el pico...! ¿Tampoco ahora estáis de acuerdo...? O sea, ¿qué queréis que diga? ¿Cómo queréis que me gane el pan? ¡Tengo una profesión difícil, hay mucha competencia, el imperio se ha llenado de mendigos, la verdad la conocemos todos y no conmueve a nadie! ¡Si no encuentras una excentricidad propia que decir, ni los ciegos se dan la vuelta para mirarte! ¡Si llamas a las cosas por su nombre, estás anticuado! ¡Si dices algo excéntrico, todos te observan a escondidas, sonríen, pero hasta aquí hemos llegado! ¡Por todos los santos, nos hemos metido en un callejón sin salida...! ¡Andrónico! (*se va salmodiando*). "Salva, Señor, a tu pueblo"[28], etc.

LA LLEGADA DE OTÓN[29]

ROMIAKI: Ehhh, altote, ¿dónde estás...?

ROMIÓS: ¡No me molestes que tengo un problema muy serio!

ROMIAKI: Con tanta gente como estamos aquí..., pues lo resolvemos.

ROMIÓS: Hablémoslo primero entre nosotros.

ROMIAKI: Cuenta...

ROMIÓS: ¿Has visto la programación de la obra?

ROMIAKI: No me han dado ninguna programación.

ROMIÓS: ¿Sabes a qué historia le toca?

ROMIAKI: ¡No!

ROMIÓS: ¡A la del Veintiuno![30]

ROMIAKI: ¡Una cosa fácil! Nos lo aprendemos todo de memoria desde el colegio.

ROMIÓS: (*enfadado*). ¡Pero si no nos lo aprendemos!

ROMIAKI: ¿Y a ti qué te importa? ¿Es que eres maestro? ¡Si eres un farandulero!

ROMIÓS: ¿Y qué pasa?

ROMIAKI: ¡Esto es el teatro, no es el colegio! La gente ha venido a divertirse. ¿Le vamos a dar clase de Historia?

ROMIÓS: Si quieres convertirte en un buen actor, ¡aprende a pensar más responsablemente!

ROMIAKI: ¿Yo o tú?

ROMIÓS: ¿Quieres que les preguntemos a los espectadores quién de los dos tiene razón?

ROMIAKI: Los espectadores han pagado para escuchar lo que decimos, no para decirnos lo que vamos a decir. ¡De otro modo, se quedarían en sus casas y escribirían su propia obra! Anda, cuenta...

ROMIÓS: ¿Qué voy a contar?

ROMIAKI: La historia sobre el Veintiuno.

ROMIÓS: (*se irrita*). Oye, cenutria, ¿te parece fácil que uno hable sobre quiénes fueron los verdaderos libertadores de esta tierra y de lo que fue de ellos?

ROMIAKI: (*a los espectadores*). Este es un completo ignorante (*a Romiós*). Chiquillo, déjame que hable yo, que sé de eso. Entonces, Señoras y Señores, en aquellos tiempos Grecia estaba muy esclavizada y vino la flota inglesa, vino la flota francesa, vino la flota rusa, combatieron a los turcos, esta gente murió por ello y así nos ayudaron y nos liberamos.

ROMIÓS: (*como si bramase*). ¡Por supuesto!

ROMIAKI: ¡Pues vaya! ¡Y desde entonces todos esos se convirtieron en nuestros protectores y aliados y después también llegaron otros y los austriacos[31] y la Santa Alianza[32] y siempre tenemos aliados de primera clase y tienen a su flota a nuestro alrededor y nadie puede meterse con nosotros!

ROMIÓS: (*con fiereza*). ¡Para!

ROMIAKI: ¡Anda! ¿Y por qué? ¿Te molesta la pura verdad?

ROMIÓS: ¿Qué verdad, pasmarote? ¿Sabes por qué razón han venido aquí todos estos?

ROMIAKI: ¡Lo sé y lo he dicho!

ROMIÓS: Para meter el pie aquí. Los turcos, de todas formas, se iban a ir y el problema de esos mendas que has mencionado era cuál iba a ser el próximo mandamás.

ROMIAKI: ¡Eres un desagradecido con nuestros grandes aliados, que de ellos solo hemos visto cosas buenas! ¡Vaya vergüenza!

ROMIÓS: ¡Me la trae al fresco! Por no hablar también de los *caciques*[33] que, como eran peores que los beys[34] y temblaban porque el pueblo sublevado les iba a pasar por el cuchillo, se hicieron uña y carne con las grandes potencias para salvarse el pellejo.

ROMIAKI: Oye, altote, ¿tú has salido de un psiquiátrico o de una cárcel?

ROMIÓS: ¿Yo de una cárcel?

ROMIAKI: ¿Qué sé yo? Porque, tal como me lo cuentas, a algo me recuerda.

ROMIÓS: ¿Y también esto te recuerda a algo?

ROMIAKI: También.

ROMIÓS: (*a los espectadores*). Con esa memoria, me va a poner en la lista negra, no me libro (*a Romiaki*). ¡Escúchame, me trae al fresco lo otro a lo que te recuerda, yo solo estaba hablando sobre el Veintiuno!

ROMIAKI: Bueno, hablemos del Veintiuno.

ROMIÓS: Gracias a Dios.

ROMIAKI: ¿Y cómo empezamos?

ROMIÓS: Desde más antes…

ROMIAKI: ¿O sea…?

ROMIÓS: Escucha:

> Monedas de oro tiene el rico
> y festejos tiene el pobre.
> Unos alaban al pachá[35]
> y otros tantos al visir,
> mas yo alabo la espada
> bañada en sangre turca,
> de la que se enorgullece la hombría
> y de la que los *kleftes*[36] alardean[37].

ROMIAKI: Entiendo… ¿Canto yo también una?

ROMIÓS: ¿Sabes?

ROMIAKI:

> Cómo brilla el sol en las montañas
> y en los campos la luna.
> Así también brillaba Liákena
> entre las turcas manos.
> Cinco albaneses la retienen,
> diez la interrogan
> y un joven bey
> a escondidas habla con ella.
> ¿Liákena, por qué no te casas,
> por qué no tomas a un hombre turco,
> para que te cubra de oro y perlas?
> Mejor ver que mi sangre
> la tierra enrojece
> que ver a un turco
> besando mis ojos...[38]

¿Te ha gustado?

ROMIÓS: Mucho.

ROMIAKI: (*con mucha emoción*). ¡Y a mí...!

ROMIÓS: ¡Venga ya, no te pongas triste! ¡Ya se acabaron los sufrimientos de antaño, llegó Kapodistrias[39]!

ROMIAKI: ¡Ahh...!

ROMIÓS: Se acabó Kapodistrias... ¡Ahora llega Otón!

ROMIAKI: (*llena de alegría*). ¡Otón y nuestra Amalia[40]!

ROMIÓS: Solo Otón, nuestra Amalia llegará más tarde.

ROMIAKI: ¡Así me gusta, que nosotros también tengamos nuestro propio rey, que no esperemos que todo nos venga de los extranjeros! Si quieres ser bien servido... ¿No lo digo bien?

ROMIÓS: ¡Sabiamente, solo que a este también nos lo eligieron los extranjeros...!

Romiaki: Bueno, déjalos que elijan, ellos ya saben, esta gente tiene experiencia…

Romiós: Venga, vamos ya… ¡Vaya, vaya, vaya, qué gente se está congregando para recibir a Otón…! Y todos están llorando de la emoción…

Romiaki: ¿Acaso yo no estoy llorando de alegría…?

Romiós: Por supuesto…

(*En la escena del recibimiento de Otón, se escucha la siguiente canción interpretada por el cantante y el pueblo de la obra*).

NAUPLIA

Tres barcos llevaron vino rubio a Nauplia.

Barcos, dadme vino rubio para calmar mi sed.

Trae la dorada copa y la jarra plateada.

Bebo de la dorada copa y se embriaga la copa.

Con la jarra calmo mi sed y se embriaga la jarra.

Con un gesto invito al bueno del Sol[41]

a que beba para que calme su sed.

Bebe el bueno del Sol, se marea y se cae.

Voy al prado a bailar, baila el prado.

Y un pájaro, un pájaro pequeño, oculto habla y dice:

en la tierra escanciad el vino y romped la jarra,

que se refresquen los *kleftes* que se echaron en la hierba,

¡sin manitas con las que beber, sin pies con los que bailar!

(*El pueblo comienza a pasar desde el escenario interior y a ir hacia el escenario exterior.*

Este desfile es una celebración de la alegría. Los capitanes visten sus buenos atuendos. Sus armas están bruñidas. Entre el pueblo, hay instrumentistas y mozos fuertes que van al recibimiento del rey bailando por el camino. También se escuchan instrumentos y canciones desde otros lugares como desde calles paralelas que conducen al mismo lugar. Pasan también algunos que visten a la europea de la época y con algunas medallas en el pecho. Pasan además oficiales anglo-franceses con uniformes llamativos. Un capitán que está ebrio y que va dando tumbos. Y otro vestido a la europea que presenta una apariencia claramente ridícula. Un anciano y una anciana los siguen sentados. Un cura va con un hisopo.

Cuando concluye la impresión producida por este desfile festivo y la multitud se concentra en el escenario exterior, los instrumentos y las canciones son apagadas por saludos de cañones y algazaras. Cuando estos llegan a su punto álgido, sigue una pausa pequeña a modo de espera... y a la pausa le sigue un torrente de voces hablando en alemán. Pasa por todos los altavoces y rodea la sala. Al mismo tiempo, la multitud vuelve la cabeza despacio con admiración y expectativas hacia el escenario interior, donde los dignatarios bávaros instalan una efigie, la de Otón. A la instalación asisten los embajadores de las grandes potencias.

De los invitados al palacio son muy pocos los que representan a los antiguos combatientes. En cuanto al pueblo, este se ha quedado fuera. Se escuchan marchas de las bandas militares aliadas. La multitud continúa siempre con el mismo entusiasmo. Cuando concluye la instalación de Otón, el capitán ebrio sale algunos pasos hacia delante y habla de viva voz...).

Capitán 1: Eh, rey..., la gracia divina ha querido fortalecernos y salvarnos de la tiranía del sultán. Y hoy nos hemos merecido disfrutar de nuestro rey. Nosotros tenemos la obligación de escucharte y de protegerte con nuestras vidas. Su majestad, haga justicia con nuestras desgracias.

(*Las bandas continúan de nuevo tocando intensamente las marchas durante algo de tiempo y vuelven a bajar el volumen para que se escuche la voz de Otón por altavoz*).

Voz de Otón –por altavoz–

Querido padre,

Es imposible que te describa cuán grandioso fue el entusiasmo del pueblo ante mi aparición. El pueblo nos rodeó de inmediato, hasta tal punto que los bávaros se vieron en la necesidad de apartar a la multitud violentamente. Un griego estaba tan borracho que no solo vitoreaba continuamente, sino que también golpeaba continuamente al pueblo para que se apartase. Intentando inclinarse ante mí de una manera torpe, cayó a tierra y otros tres o cuatro que lo seguían se cayeron encima de él. Por la noche se habían colocado en el balcón dos farolas enormes y la multitud que seguía vitoreándome llamaba para que saliese al balcón. Salí tres veces y el pueblo me aplaudió.

Vuestro devoto hijo Otón

Rey de Grecia

(*En cuanto que se acaba el texto de Otón, los Embajadores avanzan hacia el proscenio y dicen cantando como los tenores de ópera*).

Inglés: Inglaterraaaaa.

Francés: Franciaaaaa.

Ruso: Rusiaaaaa.

Austriaco: Austriaaaaa.

Inglés: Diplomacia.

Francés: Intriga.

Ruso: Confabulación.

Austriaco: Santa Alianza.

(*Mientras tanto, descienden unas lámparas de araña grandes, las cuales iluminan el escenario interior. A los instrumentos populares los reemplaza la música para bailes de época. Aparecen mujeres con crinolinas. Los dignatarios que rodeaban a Otón y los otros mandatarios llaman a las damas y comienzan a bailar. Por algún lado hay dos capitanes que permanecen allí mirando a los que danzan. El pueblo, que permanece fuera, después de haberse quedado mirando un poco, se da la vuelta y, en una pantomima sin que se le oiga, empieza a irse bailando en silencio mientras los músicos simulan que están tocando. Sin embargo, mientras se va, deja atrás –como señales– a capitanes y a palikaris*[42]*. Así, cuando la mayoría se ha ido ya, seis u ocho de ellos se han quedado a lo largo de la "calle". Permanecen esparcidos y más bien pensativos. El capitán ebrio y otro permanecen cerca del centro del escenario.*

Del palacio salen un dignatario bávaro y un escribano griego vestido a la occidental. Saludan con un movimiento de cabeza a dos capitanes[43] *y se van al centro del escenario. Los dos capitanes los siguen con la mirada.*

El escribano le hace un gesto al capitán 1 para acercarse a ellos. Sin embargo, los capitanes no lo entienden y preguntan haciendo un ademán "¿Yo?". El que va vestido a la occidental indica a quién de los dos se refiere añadiendo el gesto de "¡Ven aquí!". Pero los capitanes se confunden de nuevo y ambos se mueven hacia allí. El otro, haciéndoles un gesto, les indica "No, error...". "¡Tú, el de ahí, ven!". El capitán 1, desconcertado, y mirando una vez a su compañero y la otra a esos que lo llaman, se les acerca...

En cuanto que comienza la conversación, se para la música en las otras dos ubicaciones del escenario y el baile continúa en silencio).

Escribano: ¡Somos emisarios del rey! (*el capitán se echa a reír afablemente, se gira hacia el palacio y grita*).

Capitán 1: ¡No importa, hijo mío! Hoy todos estamos borrachos de la alegría. ¡En medio del aturdimiento, todos cometemos errores! ¡Lo hablado perdonado está...!

Escribano: ¿De qué error habla? No lo entiendo...

CAPITÁN 1: (*hacia el palacio*). Estoy diciendo que a unos capitanes los has saludado y a otros los has dejado con la mano colgando como los mancos. Sin embargo, de los chupatintas de la administración no has dejado a ninguno sin saludar. ¡No importa, mi rey! ¡Que Dios te dé muchos años de vida y todo se arreglará!

ESCRIBANO: Escúchanos ahora…

CAPITÁN 1: ¿Qué voy a escuchar?

ESCRIBANO: El rey pregunta que qué favor quieres que te haga.

CAPITÁN 1: ¿…Me pregunta a mí?

ESCRIBANO: ¿Qué favor quieres de su majestad?

CAPITÁN 1: ¿…Qué quiere decir favor?

ESCRIBANO: Merced.

CAPITÁN 1: ¿…Qué quiere decir merced?

ESCRIBANO: Soborno.

CAPITÁN 1: ¿…Soborno? ¿Por qué me va a sobornar?

ESCRIBANO: ¿Por qué no lo va a hacer?

CAPITÁN 1: ¿…Con quién más lo va a hacer?

ESCRIBANO: ¡Me dijo que te lo preguntase a ti!

CAPITÁN 1: ¿…Y por qué solo a mí?

ESCRIBANO: ¡Tendrá sus motivos!

CAPITÁN 1: ¿…Y todos los demás?

ESCRIBANO: ¡Olvídate de los otros, capitán!

CAPITÁN 1: (*con fiereza*) ¡Algo te callas, escribano!

(*El escribano le dice algo al bávaro al oído*).

BÁVARO: *Das ist noch keine antwort!*[44]

(*Ahora él también le dice algo al escribano al oído*).

ESCRIBANO: (*al capitán*). ¿Quieres venir al palacio a bailar con nosotros?

CAPITÁN 1: (*se persigna sorprendido*). Nosotros esperábamos que el rey viniera a bailar nuestro propio baile, no nosotros el suyo.

(*El escribano le dice algo al bávaro al oído. Ambos se mueven rápidamente hacia el escenario interior mientras la música vuelve a escucharse al mismo tiempo. Los capitanes que están en la calle intercambian miradas hasta el momento en que el bávaro y el escribano vuelven a salir del palacio junto con otros, tantos como los capitanes que hay. Cuando los cortesanos ya están frente a sus interlocutores, la música se detiene y cuantos se habían quedado en el palacio bailan de nuevo en silencio. Los cortesanos y los capitanes pronuncian el siguiente diálogo en grupo*).

CORTESANO: Soy un emisario del rey.

CAPITÁN 1: Que Dios te dé muchos años.

CORTESANO: El rey sabe cuántos sacrificios has hecho por la patria

CAPITÁN 1: Todos hemos hecho lo mismo.

CORTESANO: Él me habló de ti.

CAPITÁN 1: Todos luchamos por la libertad.

CORTESANO: ¿Qué favor quieres que te haga?

CAPITÁN 1: ¿Qué quiere decir favor?

CORTESANO: ¿Eso le voy a decir al rey?

CAPITÁN 1: Dile al rey y a sus consejeros que no quiero ningún favor personal. Que ahora que los sacrificios y las luchas de los griegos han florecido, todos queremos gozar el fruto. Que luchamos todos juntos y que los premios de la libertad no debe convertirlos en un soborno.

CORTESANO: Ah, si no eres tú, será otro.

CAPITÁN 1: ¡Que sea otro, no yo!

(*Los escribanos empiezan a correr de un lado al otro, como si les hubiesen dado cuerda, cambian de interlocutor y vuelven a empezar*).

CORTESANO: ¿El rey puede confiar en ti?

CAPITÁN 1: ¡Eso que se lo piense él mismo!

CORTESANO: ¿Lo que te diga puede quedarse entre nosotros?

CAPITÁN 1: ¿Me lo pide el rey o tú?

CORTESANO: Él, nosotros somos su voz.

CAPITÁN 1: ¿Y qué quiere?

CORTESANO: ¡Que sepas pues que estás en la lista!

CAPITÁN 1: ¿Qué lista?

CORTESANO: ¡Y además eres de los primeros!

CAPITÁN 1: ¿Y qué querrá decir que estoy en la lista?

CORTESANO: ¿Todos los dedos de la mano son iguales?

CAPITÁN 1: No.

CORTESANO: Si esto no lo sentís, estamos perdidos.

CAPITÁN 1: ¿Y qué es lo que tenemos que sentir?

CORTESANO: Los mejores debéis destacar.

CAPITÁN 1: ¡Sería una gran injusticia!

CORTESANO: Las cosas son sencillas, capitán.

CAPITÁN 1: ¡Todos lucharon con dignidad…!

CORTESANO: ¡Ahora no queremos *palikaris*! Los *palikaris* sin armas no sirven para nada.

CAPITÁN 1: Pero hombre, ¿qué estás diciendo…?

CORTESANO: Por no decir lo peor.

CAPITÁN 1: ¿Es decir…?

CORTESANO: ¡Ahora queremos cerebros! ¡Estado! ¡Organización! Administración.

CAPITÁN 1: ¿Quién dice que no…?

CORTESANO: ¡Ahora, capitán, el problema es cómo les quitaremos las armas! ¡Y que ya no tendremos más *palikaris*!

CAPITÁN 1: ¿Ehh…?

CORTESANO: ¡Y solamente tú puedes conseguirlo! ¡Si no, nos vamos a matar el uno al otro!

CAPITÁN 1: ¡Por Dios!

CORTESANO: El rey necesita sus propios hombres de confianza, sensatos, dignos, patriotas, honestos, hábiles, valientes…

(*En esto la música vuelve a empezar. Los cortesanos continúan hablándoles a los capitanes con pantomimas. Y, como parece, la persuasión de los cortesanos ha empezado a funcionar porque dos de los capitanes, cogidos del brazo por los cortesanos, avanzan hacia el escenario interior. Antes de llegar, el capitán 1 trinca del cuello al cortesano que le está hablando y hace por ahogarlo*).

CORTESANO: ¡Socorro!

(*La música se detiene. Todos los que están en el palacio se giran para mirar hacia fuera. El capitán 1 tira abajo al cortesano. Él y los demás cortesanos, invadidos por el pánico, huyen corriendo hacia el palacio. En la calle solo se quedan los capitanes. El capitán 1 atraviesa la calle como enfurecido y grita…*).

CAPITÁN 1: ¡Todos juntos, griegos…! Estos van a destrozarnos… Estos no han venido a gobernarnos con la justicia sino con la discordia… ¡Y cuando nos ayudaron a liberarnos, otras cosas tenían en su mente…! Nos dieron armas para liberarnos, pero ahora que nos hemos liberado, no nos quieren libres… ¡Nos temen siendo libres! ¿En qué están pensando que nos temen…?

(*Apagón*).

LOS CAPITALINOS

ROMIAKI: ¡Tú me lo habías contado de otra forma…!

ROMIÓS: ¿De otra forma? ¿Cómo que de otra forma…?

ROMIAKI: ¿No me habías dicho que no me preocupase porque ahora, con la llegada de Otón, todo iba a ir bonito y bien? ¿Me estabas mintiendo o te haces el listo sin saberlo?

ROMIÓS: ¿Yo? ¡Ni lo uno ni lo otro! Pero para ser más auténtico, te conté lo que pensaban los griegos en aquel tiempo.

ROMIAKI: ¡Pero en el palacio siguen bailando todavía como si nada…!

ROMIÓS: Bailan y bailarán durante muchos años.

ROMIAKI: Pero bueno…, ¿vinieron a Grecia para bailar?

ROMIÓS: ¡Grecia es un hermoso salón de baile! ¡Pero no creas que no hacen nada más! Créeme, cocinan muchas cosas diferentes. Ahora, en cuanto a los bailes en concreto, ya ves que nuestro Otón es un buen mozo soltero.

ROMIAKI: ¡Entiendo…! ¿Qué madre no lo querría de yerno…? ¿A que sí?

ROMIÓS: ¡Exacto! También el pobre de nuestro regente Armansperg[45] tiene tres hijas en edad casadera…

ROMIAKI: ¡Ay, ay, qué preocupaciones!

ROMIÓS: ¡Espera pues que bailando y bailando Otón con sus hijas, algo puede surgir…!

ROMIAKI: ¡Qué pillo! ¡Por eso se hizo regente… para casar bien a sus hijas! ¿Estás de acuerdo?

ROMIÓS: Es padre, no lo juzgo.

ROMIAKI: ¡Ni yo! ¡¡¡Pero no hacerlo a costa de los miserables y echarle el muerto a otros!!!

ROMIÓS: ¿A quiénes te refieres con lo de los miserables?

ROMIAKI: ¿No has visto lo amargados que se han ido los capitanes...?

ROMIÓS: Claro que lo he visto...

ROMIAKI: ¿Pero por qué los cogían de uno en uno y les preguntaban "¿Qué quiere...?"? No lo he entendido muy bien...

ROMIÓS: ¡Para disolverlos...! No los iban a dejar a todos juntos y encima susurrando. ¡Y además todos ellos van armados! ¡Son caudillos! ¡Tienen al pueblo detrás!

ROMIAKI: Sí, pero ellos lucharon, ganaron, nos liberaron, nos glorificaron...

ROMIÓS: ¡Bueno, cuando mueran, les hacemos estatuas, poemas, discursos y coronas de flores! Ahora están vivos todavía...

ROMIAKI: Y, como están vivos, ¿tenemos que arrinconarlos?

ROMIÓS: Por supuesto, porque ahora estamos en paz.

ROMIAKI: ¿Y qué...? ¿Acaso ellos no han luchado para gozar de la paz?

ROMIÓS: Sí, pero son hombres valientes, gloriosos. Es peligroso que circulen libremente como los demás.

ROMIAKI: ¿Nuestros héroes son peligrosos?

ROMIÓS: ¡Qué pasmarote! Préstame atención...

ROMIAKI: Te la presto...

ROMIÓS: ¡Cada vez que termina una guerra victoriosa, hay algunos que sobran...! Y, como es natural, estos que sobran en tiempos de paz son los que se necesitan en tiempos de guerra, según la misma lógica por la que los que sobresalen en tiempos de paz se esfuman en tiempos de guerra.

ROMIAKI: (*a los espectadores*). Ahora veréis cómo lo pongo contra la pared... Escucha, don fulano, ¿sabes lo que estás diciendo en este momento...?

ROMIÓS: No he terminado...

ROMIAKI: Es como si dijeras –¿en qué fechas estamos ahora?–.

Romiós: (*se saca el reloj del bolsillo...*). En este preciso momento estamos en las de 1835-1840[46].

Romiaki: O sea, es como si nos dijeses que Kolokotronis[47]...

Romiós: Está en prisión, condenado a muerte...

Romiaki: ¡¡¿Kolokotronis?!! O sea, es como si nos dijeses que Plaputas[48]...

Romiós: ¡También está condenado a muerte!

Romiaki: ¡¡¿Plaputas?!! No, que Nikitas[49]...

Romiós: También en la cárcel.

Romiaki: ¡No importa, también hay otros...! Como si nos dijeras que Kriezotis[50]...

Romiós: Se escapó a Esmirna para salvarse. ¡En cuanto a Makrigiannis[51], lo tienen en las listas negras!

Romiaki: ¡Bueno, hombre, no te irrites, hemos tenido una pequeña controversia, tampoco es el fin del mundo! (*se va como mareada*).

Romiós: Qué pasmarote me han traído de ayudante. Y ahora, Señoras y Señores, nos cambiamos de sitio y continuamos en el escenario. Aquí ya no está el palacio, sino una de las mansiones de Atenas. Aquí no está la calle, sino una rambla con agua hasta la cintura y de un variopinto origen natural. Hace algunos años, este cristiano de aquí... (*señala a uno de los antiguos combatientes, con ropas sucias y andrajosas, que está sentado a un lado pensativo y sin moverse...*), cuando combatía y soñaba con la libertad, no tenía ese aspecto de pena... Los invitados al baile son –mejor que lo digan ellos mismos que también son elocuentes, como escucharéis inmediatamente después...– (*se va*).

(*Un lechugino sale de la mansión y grita hacia el escenario del fondo, donde ha aparecido una doncella perteneciente a la aristocracia*).

León: Erató...

ERATÓ: ¡León, anda, eres tú!

LEÓN: Soy yo, querida. Estaba extremadamente intranquilo con tanta demora. No aguantaba allí y salí a la puerta a ver…

ERATÓ: Hemos deambulado largo rato hasta llegar.

LEÓN: ¡Oh, Dios mío…!

ERATÓ: ¡Quizás incluso más de una hora…!

LEÓN: Tus palabras me rompen el corazón.

ERATÓ: Oh, León, Atenas es un pueblo miserable o algo peor. En Francia, el Ayuntamiento ilumina las calles incluso en los pueblos. ¡Aquí el alumbrado es inexistente! ¿Cómo no les da vergüenza?

LEÓN: ¡Tienes razón! ¡Sin embargo, querida Erató, esperaba que tu deslumbrante belleza abatiría las sombras e iluminaría Atenas con aquella luz tan brillante que envía el dios Apolo, el hijo de Júpiter y de Latona[52]!

ERATÓ: ¡Oh, querido lisonjeador…! ¿Pero cómo podría yo acercarme a ti sin ensuciarme los zapatos y los vestidos?

LEÓN: ¡Es sencillo! ¡Allí tienes a uno de los porteadores que también nos pasaron a nosotros!

ERATÓ: ¿Dispone de alguna acémila?

LEÓN: A sí mismo. Llámalo y móntate en sus hombros. Por una monedilla –la cual permíteme que la ponga yo– te traerá hasta mí limpia e impoluta.

ERATÓ: ¿Así que todavía no han acabado mis sufrimientos?

LEÓN: ¡Oh, mi dulcísima Erató! Te aseguro que estos hombres son más cómodos incluso que los burros, que los mulos y que los caballos.

ERATÓ: ¡En Francia habrían hecho un puente, León!

LEÓN: Desafortunadamente no somos ni Francia, ni Inglaterra, ni Baviera. A menudo me avergüenzo de ello hasta que lloro, ¿pero que le puedo hacer?

ERATÓ: ¿Y cómo llamo a ese hombre?

LEÓN: Déjame a mí... Porteador... Porteador... Mozo... Ehh, tú...

KLEFTIS: ¿...Me lo dices a mí?

LEÓN: ¡...Que lleves a esta doncella!

KLEFTIS: ¿Qué...?

LEÓN: ¿No te quieres ganar otra monedilla más o ya has juntado bastantes?

KLEFTIS: ¿Qué quieres?

LEÓN: ¡Qué necio! ¡Te estoy hablando en griego! Que lleves a esta doncella y recibirás tu monedilla. ¿Lo entiendes ahora?

ERATÓ: ¡Acércate...!

(*El kleftis se acerca*).

LEÓN: Ahora agáchate que se siente en tus hombros.

(*El kleftis se agacha*).

ERATÓ: Más abajo.

LEÓN: ¡Más abajo, necio!

(*El kleftis se agacha más*).

ERATÓ: ¡No mires...!

LEÓN: ¿Qué mira...? No mires, miserable. ¿Cómo va a...?

ERATÓ: León...

LEÓN: ¿Sigue mirando...?

ERATÓ: ¿Cómo me voy a sentar en sus hombros descubiertos?

LEÓN: ¿No lleva camisa?

ERATÓ: Lleva. ¡Pero nada más! Es imposible que no sienta debajo de mí la forma de sus hombros y el calor de su cuerpo.

LEÓN: Pon tu vestido doblado varias veces.

ERATÓ: Puesto que es porteador, ¿no debería tener un colchoncito para que nos sentemos encima?

LEÓN: ¡Nunca vamos a ser europeos! ¿Cómo te llamas, buen hombre?

KLEFTIS: ¡Kitsos!

LEÓN: ¿Tu apellido?

KLEFTIS: Jarupiotis.

LEÓN: ¿Por qué no tienes algo como un colchoncito, como un paño o como una albarda? ¿Dónde se va a sentar ahora la doncella?

KLEFTIS: No lo sabía.

LEÓN: Las monedillas sí que sabes cogerlas. Pero hacer bien tu trabajo, eso no lo sabes.

ERATÓ: Me voy a callar un poco, porque me estoy subiendo en este hombre.

LEÓN: Cuidado, dulcísima mía, apóyate muy poco en él.

ERATÓ: No… Me toca las pantorrillas.

KLEFTIS: ¡Como no te agarre, te vas a caer, tía!

ERATÓ: ¡Dice que, si no me agarra, me voy a caer!

LEÓN: Pues que te traiga y ya veremos.

(*El kleftis con Erató en los hombros se echa a andar con dificultad por entre la corriente, mientras la cháchara de los dos capitalinos continúa descaradamente*).

ERATÓ: ¡Es tan lento…!

LEÓN: (*al kleftis*). ¡Anda pues, date prisa! ¿Nunca has caminado por el barro? ¿O acaso te criaste en Viena?

KLEFTIS: ¡En Mesolongui[53]!

ERATÓ: ¿Ha dicho que en Mesolongui?

LEÓN: Sí, querida mía.

ERATÓ: Espero que por lo menos no haya estado allí durante el asedio…

LEÓN: ¿Estuviste allí durante el asedio?

KLEFTIS: ¡Estuve…!

ERATÓ: ¡Oh, León, León! ¡A qué hombre le hemos confiado mi translado! ¡Él y sus semejantes comieron gatos, perros y ratones en aquel entonces! ¡Corren rumores de que también hubo canibalismo y se ocultó!

LEÓN: No escojas lo peor, querida. ¡Quizás este sea uno de aquellos pillos que habían escondido comida y se alimentaban dignamente!

ERATÓ: ¿Por qué le habéis dado tanta fama a ese asedio? ¡Se hicieron tantas ignominias y salvajadas con esos éxodos y holocaustos! Yo, que residía en el extranjero, puedo asegurarte que la opinión pública europea lo calificó de "vanos sacrificios de bárbaros". Solo algunos liberales exaltados se entusiasmaron y estos hicieron tanto ruido...

LEÓN: ¡Todo se olvidará con el tiempo! ¡De hecho, ya empezamos a hablar muy poco de todo esto!

ERATÓ: No digo que no, pero quizás se podrían evitar. No son cosas para que encima estéis orgullosos.

LEÓN: Todo se quedará en el olvido, dulcísima mía, te lo puedo asegurar.

ERATÓ: Eso espero...

LEÓN: Oh, querida, qué imperdonable omisión. Me he olvidado de comunicarte la noticia que seguramente incluso a esta Venus[54] le haría llorar de la alegría.

ERATÓ: Dime pues...

LEÓN: ¡Otón, nuestro querido rey, se irá en unos días a Baviera para encontrar a la elegida de su corazón!

ERATÓ: ¡Me voy a desmayar!

LEÓN: Ánimo, querida mía.

ERATÓ: ¡Oh, qué excelsa alegría! ¿De modo que al final ha encontrado el amor? ¿A quién?

LEÓN: A esa que ha elegido su padre, ese rey poeta[55]. ¡Qué padre tan cariñoso! Le ha encontrado un reino, le ha encontrado una reina...

ERATÓ: ¿Y a quién ha elegido como nuestra reina? ¿Se sabe ya?

LEÓN: No. ¿Pero pones en duda que haya elegido lo más selecto en belleza y nobleza espiritual?

ERATÓ: Oh, León, tu comunicado resuena en mis oídos como música angelical.

LEÓN: Oh, deberías haber sido testigo cuando lo comunicó. ¡Qué efusión de felicidad! ¡Los escribanos se abrazaban, los de la guardia real le daban las gracias a Dios, tres del personal de servicio se desmayaron…!

ERATÓ: Necesitamos un idilio real, una reina y una auténtica corte real. Solamente así se ennoblecerá el pueblo…

LEÓN: Erató, te veo en la comitiva de la reina…

ERATÓ: ¿Acaso yo no te veo como cortesano o incluso como a alguien superior? Oh, estoy segura de que una princesa conformaría un círculo diferente con su buen gusto.

LEÓN: ¡Creo que ya ha llegado la hora! Bastante hemos aguantado a los cometurcos[56] y a los brutos bravucones que no saben ni leer ni escribir. ¿Pero qué está haciendo ese miserable? ¿Por qué tarda?

ERATÓ: Su pereza es indescriptible… ¿Qué decíamos? Ah, sí, acerca de ellos… Tú también estuviste en la última recepción real… Dime sinceramente, ¿no sentiste vergüenza de este país?

LEÓN: No me lo recuerdes.

ERATÓ: La atmósfera era asfixiante por el aliento de nuestros héroes comeajos. Todos los embajadores y los dignatarios extranjeros estaban en las ventanas para poder sobrevivir.

LEÓN: Oh, si supieras cuánto me desanima todo esto…

ERATÓ: ¿Por qué no los educáis? ¿Por qué no les enseñáis danzas europeas?

LEÓN: ¡No quieren! Prefieren aquellos saltos y golpes montañeses.

ERATÓ: ¡Qué horror! Sudan y huelen tanto que no se puede soportar. ¡Todo esto nos difama sin remedio ante los salones europeos!

LEÓN: Lo reconozco. Esto también lo estuvimos diciendo anteayer en el baile de Andrikos. Que por esa razón los empresarios y los comerciantes extranjeros no vienen aquí a trabajar. ¡Que no nos vamos a desarrollar económicamente, si no creamos un círculo en el que los extranjeros se sientan como en sus casas!

ERATÓ: (*al kleftis que se ha parado*). A ver si avanzas…

LEÓN: ¿Me estás hablando a mí?

ERATÓ: Al porteador (*al kleftis*). ¿Por qué no avanzas?

LEÓN: ¿No avanza?

ERATÓ: (*al kleftis*). ¿Te has cansado…? Pregunto. ¿Te has cansado…? Oh, León, ¿qué pasa con este hombre…?

LEÓN: ¿Qué dice…?

ERATÓ: ¡Le pregunto, pero no se digna a contestarme!

LEÓN: ¡Te ordeno que vengas inmediatamente aquí!

ERATÓ: (*al kleftis*). ¡Te ha dado una orden! ¿Lo has oído…? (*a León*). Ni siquiera te hace caso a ti…

LEÓN: ¡Te ordeno que traigas aquí a la doncella inmediatamente!

KLEFTIS: ¡Yo no la llevo!

ERATÓ: ¡León, ha dicho que no me lleva!

LEÓN: ¿Qué has dicho, miserable?

KLEFTIS: He dicho que no la llevo.

LEÓN: Socorro… ¡Socorro…! (*corre adentro*).

ERATÓ: Será bandido… Matarife… León, liberadme…

(*La danza se detiene. Todos se salen fuera*).

LEÓN: ¡Helo aquí, se niega a traerla…!

ERATÓ: Es un bandido… De Mesolongui… ¡Liberadme, os lo suplico!

(*Hacen por moverse en contra de él*).

KLEFTIS: No os mováis, que la ahogo en el barro.

ERATÓ: ¡No os mováis, que me ahoga!

LEÓN: ¡Hay que ser cautelosos! ¡Si lo enfurecemos, la vida de Erató se pone en peligro!

ANDRIKOS: ¡Qué cobardía! Yo me niego a someterme a las amenazas de un bandido. Aun así, informemos al jefe de la guardia.

KLEFTIS: ¡Si traes al jefe de la guardia, la mato!

ERATÓ: ¡Al jefe de la guardia, no! Piedad, amenaza con matarme.

ARIADNA: Querrá el rescate… Preguntadle cuánto querría. Se lo abonaré enseguida.

KLEFTIS: ¡Meteos vuestro rescate por donde sabéis!

VOCES: Qué infamia, qué vergüenza, miserable, bellaco…

LEÓN: Callaos, por favor… (*al kleftis*). ¿No quieres el rescate?

KLEFTIS: ¡No!

LEÓN: Entonces trae aquí a la doncella.

KLEFTIS: ¡Que no la llevo…!

ERATÓ: (*gritando*). Vosotros tenéis la culpa. ¡En Francia nunca ha sucedido algo semejante!

LEÓN: Entonces… ¿Qué quieres, hombre necio?

KLEFTIS: Te diré qué quiero…

ERATÓ: Silencio, piedad… Quiere hablar… (*al kleftis*). Di…

KLEFTIS: ¡Voy a los escribanos, a los consejeros, pido contarles lo que me pasa! ¡No me dejan! Les ruego. Nada. ¡Los amedranto! Nada. Me sacan fuera y cierran la puerta…

LEÓN: ¿Qué tiene que ver todo eso con la doncella?

KLEFTIS: Voy a los de la guardia real. Me arrastran fuera y me gritan "Si vuelves a aparecer, te vas a enterar de lo que es bueno". Voy a las comisiones y me dicen "¿Crees que la patria fue liberada para compartir sus pedazos con los perros del carnicero?".

ANDRIKOS: Hombre de Dios, ¿qué nos importa a nosotros lo que haces y lo que te hacen…?

KLEFTIS: Me desesperé, me amargué a más no poder, tomé la decisión

de cortar cabezas… "Iré yo" me dice mi mujer y va ella… "Desnúdate" le dicen, "Desnúdate y acuéstate y lo arreglamos…".

LEÓN: Miente… Yo nunca he hecho tal cosa…

ANDRIKOS: ¡Pero si no lo dice por ti!

LEÓN: ¿Entonces?

ARIADNA: Oh, Dios mío, está loco… ¡Oh, qué desgracia, Dios mío…!

ERATÓ: ¡Piedad…!

LEÓN: Calma…

ARIADNA: Cogedlo por las buenas… (*al kleftis*). ¿Quiere venir a
casa? ¡Me alegraría mucho que pasase la noche con nosotros!

KLEFTIS: ¿Quiénes comparten sus pedazos? ¿Quiénes la convirtieron en sus latifundios para comer pavos, para bailar como fu-
lanas y para vestir terciopelos ingleses?

LEÓN: ¿Otra vez lo mismo?

KLEFTIS: ¡La tierra que nosotros queremos la trabajamos con nuestras manos y el pan que produce alimenta a nuestras familias!
¡La tierra que tiene el campesino continúa siendo la tierra de
este lugar…! La tierra que coge el rico está perdida.

ANDRIKOS: ¿Pero por qué nos dice esto a nosotros? ¿Qué somos
nosotros? ¿La Oficina del Catastro?

NEÓKLITOS: Bastante lo hemos escuchado. ¡Dejadme que le rompa
los huesos!

ERATÓ: ¡Piedad! ¡Estoy a su merced!

Neóklitos: ¡Bestia bravucona, escúchame! ¡Trae aquí a la doncella
enseguida y sin evidencias de maltrato, de lo contrario dejarás
una viuda y huérfanos!

ARIADNA: ¿No tienes corazón en el pecho? ¿No sientes piedad por
la flor que transportas?

KLEFTIS: Adentro mi mujer limpia vuestro estiércol por media ba-
rra de pan, mis hijos han salido a mendigar, yo os llevo como un
animal de carga para que vayáis al baile…

LEÓN: ¿Nosotros hemos creado el mundo?

ARIADNA: ¿Pero qué bestia es esta?

ANDRIKOS: Todos estos deben desaparecer. ¡No lucharon por la libertad sino para pedir tierra! No les basta con ser libres. ¡Piden recompensas materiales y tiznan el más noble de los ideales humanos, la libertad!

NEÓKLITOS: Es de esos que se sublevan en Mani[57] y en Rumelia[58]. Es de los bandidos que quieren abolir la ley…

KLEFTIS: ¿Qué dices, canalla, tío de mierda? ¿Dónde estarías tú, si la ley no estuviera escrita? ¿Y cómo la has respetado? ¿Dónde bailabas cuando tuvo lugar el levantamiento? ¿En qué desfiladero se dejaron los huesos tu padre, tus hermanos y tus primos?

NEÓKLITOS: ¡Cargadme de inmediato una pistola…!

ERATÓ: ¡No!

ANDRIKOS: ¡Y a mí otra…!

KLEFTIS: ¡Canallas del diablo…! Las pistolas nosotros las teníamos para los turcos…

LEÓN: ¡A un mal le siguen mil!

NEÓKLITOS: ¡*Kleftes* y *armatolí*[59], olvidad lo que sabéis! Ahora tenemos Estado, con leyes y poder real. Grecia ha dejado de ser una tierra de bravucones.

KLEFTIS: Lo estoy viendo. Ahora la saquean los escribas, los petulantes y los lameculos de los extranjeros… Tío canalla, si la patria cagase, ni como mierda os querría…

ANDRIKOS: He aquí pues mi respuesta… (*le dispara con la pistola*).

NEÓKLITOS: Y la mía (*él también le dispara con la pistola*).

LEÓN: ¡Tú me has obligado! (*él también dispara*).

(*El kleftis se inclina con cada disparo y se desploma con el tercero*).

ARIADNA: Erató, querida, ¿estás bien?

ERATÓ: ¡Gracias a Dios! (*Va hacia los suyos*).

LEÓN: ¡Oh, querida, qué calvario!

ARIADNA: Ea, pues todo ha terminado bien.

ERATÓ: Preparad el baño y las ropas para cambiarme...

LEÓN: (*a Erató*). ¡Ven..., ven! He probado el amargo cáliz de Orfeo cuando perdió a Eurídice[60], de Menelao[61] cuando...

ERATÓ: No me toques, es como si hubiera vuelto del fondo de un pozo ciego.

VOCES: Un beso... ¡Daos un beso...!

(*Se besan. Cantan mientras entran en la casa*).

Qué almibarado el amor,

qué planta perenne,

incluso cuando sea viejo

que gentil me sea.

SOBRE LA GUILLOTINA

Romiós: Señoras y Señores, he intentado evitar a la niña para que no nos canse de nuevo con dudas ingenuas. Os diré algunas palabrillas acerca del degolladero o guillotina.

Es un invento que en los tiempos de la Revolución francesa conoció un gran éxito. Cortaba a reyes, príncipes, curas, terratenientes e, inmediatamente después, a muchos de los revolucionarios que la impulsaron. Todos estos murieron, pasaron, pero la guillotina se quedó, fue perfeccionada técnicamente y continúa sirviendo a la humanidad. Por ejemplo, cuando en el reinado de Otón los antiguos combatientes se levantaron descontentos en Mani, en Mesenia, en la Grecia Continental, nos ofreció sus servicios de buen grado.

Cuando tenía siete años, tenía una duda: "Cómo es posible que un mecanismo que fue promovido por insurgentes corte a continuación a insurgentes". Pero ya que se trata de una duda infantil e ingenua, mejor dejémosla que hierva en su ingenuidad.

(*En el escenario central se congregan, llegados desde los pasillos laterales, los habitantes de un pueblo, encabezados por el alcalde pedáneo, el cura y el sargento de policía. Miran atemorizados la guillotina que le llevan a su pueblo los militares bávaros "enviados desde Atenas" y los funcionarios griegos. El alcalde, meado de miedo, saca a pesar de todo el indispensable billete de diez dracmas…*).

Alcalde: Excelentísimos e ilustrísimos emisarios de Atenas. ¡En nombre de mis vecinos del pueblo y con lágrimas de profunda alegría, os doy la "bienvenida"! No bastan las palabras para expresar nuestro agradecimiento por el honor que nos brindáis al traernos aquí la famosa guillotina. Vuestra visita desprende una luz alentadora sobre nuestros corazones desolados. Porque nos hace ver que la patria se acuerda de nosotros en cualquier extremo lejano en el que vivamos. ¡La patria no nos ha olvidado, vecinos! Se acuerda de nosotros y nos encuentra siempre, cuando tiene que ofrecernos algo provechoso, algo bueno. Y no escatima ni en gastos ni en esfuerzos, cuando se trata de que todos disfrutemos de los beneficios de la libertad.

Porque tenéis que saber esto, vecinos. ¡La guillotina es un fruto de la libertad! Antes, o sea, cuando teníamos a los turcos aquí, no era posible tener también guillotinas. Sin embargo, ahora que los hemos echado y podemos dedicarnos a los asuntos de nuestra casa, sería una gran carencia no tener guillotina. Porque todos los reinos civilizados tienen guillotinas.

¡Somos libres de tal modo que ahora nosotros podemos gozar de los beneficios de la civilización! ¡Después de todo, vecinos, esto nos lo deben! Porque desde aquí, dicen, todos ellos alcanzaron la iluminación de la civilización. Sería una ingratitud que no nos lo devolviesen en la medida de sus fuerzas.

Con la guillotina, vecinos, desde ahora en adelante tendremos una muerte más dulce. Los turcos nos empalaban, nos ensartaban, nos troceaban con las *jambias*[62]. ¡Agua pasada! Ahora somos griegos libres y tenemos nuestra guillotina, que nos cortará la cabeza muy bien, como si se tratase de un trabajo de fábrica. ¡Y es una pena que no tengamos a nadie que guillotinar!

¡Aparte de no tener la oportunidad de ver cómo funciona, es una vergüenza que los hombres hayan hecho tanto esfuerzo en vano para llegar hasta aquí! Esperemos que en la otra ronda que van a hacer, tengamos algo para agradarles.

(*Los emisarios explican cantando las bondades de la guillotina y cómo funciona*).

94

EMISARIO 1:

    Nos la mandaron los amigos extranjeros
        que nos quieren
    y no dejan por todos los medios
        de ayudarnos,
    y las máquinas y los inventos
        a detener y ejecutar.

(*Los del pueblo repiten los dos últimos versos*).

EMISARIO 2:

        Te santiguas primero,
    en el banquillo te arrodillas.
      Aquí el cuello pones,
        la cuerda se suelta
    y antes de decir pimienta,
    la cabeza está en la cesta.

(*Los del pueblo repiten los dos últimos versos*).

EMISARIO 3:

    A muchos capitanes gritones
      han cortado en Mani
    y en los pueblos de Valtos también.
  Kleftes hambrientos de hambre
        y la jauría
  pedían su ración a los mandamases.

(*Los del pueblo repiten los dos últimos versos*).

EMISARIO 1:

    Y olvidan que aquellos
  que han venido de Occidente,
    que han venido de Fanari
    y de Moldavia y Valaquia
    y que llevan los chaqués,
    comen gallos y gallinas.

(*Los del pueblo repiten los dos últimos versos*).

Emisario 2:

> Oye, ve, calla, aprende:
> quien muchas cosas quiere
> pierde también las pocas
> a las que asco les hacía;
> para tu precioso hijo
> que este sea tu consejo.

(*Los del pueblo repiten los dos últimos versos*).

Emisario 3:

> Vayamos a Nauplia ahora
> y a Tripolitsá también,
> donde aparecieron guerrilleros
> y no paran de robar,
> viva la libertad,
> viva la libertad.

(*Todos juntos repiten los dos últimos versos*).

Alcalde: ¡Me vais a preguntar! ¿Por qué una muerte más dulce y no una vida más dulce?

¡Porque, vecinos, sin duda alguna somos griegos y los griegos amamos la vida! Pero también somos cristianos. Y como cristianos griegos tenemos que pensar en cómo vamos a morir y no en cómo vamos a vivir.

3 DE SEPTIEMBRE[63]

ROMIAKI: ¿Has visto lo que ha pasado?

ROMIÓS: Lo he visto. Lo han matado como a un perro sarnoso.

ROMIAKI: Sí, ¿pero por qué?

ROMIÓS: Esto le pasa a quien lleva la razón más de la cuenta.

ROMIAKI: ¡Esas cosas no pueden pasar!

ROMIÓS: ¡Pero majadero, cuando simplemente tienes razón, de alguna manera te las apañas…! ¡Pero, si tienes muchísima razón, estás condenado! Ya se sabe.

ROMIAKI: Oye, altote… (*le da la mano*). Me alegro mucho de haberte conocido, pero ahora buenas noches y a lo mejor nos volvemos a encontrar en alguna otra ocasión.

ROMIÓS: ¿Adónde vas?

ROMIAKI: ¡A mi casita!

ROMIÓS: ¿Te han echado?

ROMIAKI: ¡Me voy yo!

ROMIÓS: ¿Por qué?

ROMIAKI: ¡No puedo ver tantas cosas vergonzosas! ¡Es un escándalo que nos sirvan tales mentiras!

ROMIÓS: ¿Mentiras…?

ROMIAKI: ¿Y para qué han cogido la guillotina y la han paseado por las provincias?

ROMIÓS: ¡Señoras y Señores, que no me digne a ser primer ministro, si todo esto no es verdad!

ROMIAKI: Yo ya no te creo ni a ti y eso es lo peor de todo, porque te había tomado un poquito de aprecio.

ROMIÓS: (*a los espectadores*). ¡Ciertamente, la escena que habéis visto ha sido infame, pero no es que no haya sido verídica! ¡Al contrario, Señoras y Señores! Nuestro autor se valió de un hecho cien por cien verídico para la escena esa. El que en vez de haber escrito algo que nos ponga los pelos de punta, hiciese una ñoñería con cancioncillas, es otro cantar.

ROMIAKI: ¡Menos mal que tenía cancioncillas!

ROMIÓS: No la escuchéis…

ROMIAKI: Para ahí. ¿Qué te has creído? ¿Que nosotros no hemos ido al colegio? ¿Que no hemos tenido un papá, una mamá y unos titos? ¡Porque no hemos escuchado tantas burradas en boca de nadie!

ROMIÓS: Señoras y Señores, ¿es posible que alguna vez una gira con una guillotina sea una revelación literaria?

ROMIAKI: ¿Y?

ROMIÓS: Ojalá tuviésemos autores tan imaginativos. Es verdad, Señoras y Señores, lo escriben los cronistas oculares. Y es injusto que quitemos tales diamantes de nuestra historia y que se los regalemos a la fantasía del autor (*a Romiaki*). Ea, los espectadores me creen. ¿Y tú?

ROMIAKI: ¡Eh, pues esto me desconcierta un poquito…!

ROMIÓS: Si te demuestro que existen otras cosas que no sabes, ¿cuándo creerás que siempre te digo la verdad y no te irás?

ROMIAKI: ¿Y cómo me lo vas a demostrar?

ROMIÓS: Enseguida (*a los espectadores*). ¡Todos vosotros lo sabéis, pero os ruego que no se lo digáis! ¿Qué es el 3 de septiembre?

ROMIAKI: ¡¡¡Venga ya!!! Es una calle. ¿Acaso no conocemos la calle 3 de septiembre?

ROMIÓS: (*a los espectadores*) ¿La escucháis? ¿Por qué se llama así, qué pasó el 3 de septiembre?

ROMIAKI: ¡¿Qué pasó…?! ¡O no lo sé… o se me ha olvidado…!

Romiós: Si lo hubieses aprendido, no se te olvidaría. ¡No se lo digáis, por favor!

Romiaki: ¿Es la fiesta de algún santo?

Romiós: No.

Romiaki: ¿De alguna santa?

Romiós: Tampoco.

Romiaki: ¿Es una fiesta religiosa?

Romiós: ¡Si fuese religiosa, lo sabrías por el colegio, por tu madre y por tu padre!

Romiaki: ¿Es algo como una fiesta nacional?

Romiós: ¡No como! ¡Es una fiesta nacional!

Romiaki: ¡La primera vez que lo oigo!

Romiós: Vuelvo a sentir la necesidad de ser primer ministro.

Romiaki: ¿Por qué no la celebramos?

Romiós: ¡Quiero ser ministro a toda costa!

Romiaki: ¡No, aquí no, esto es un circo!

Romiós: Y, sin embargo, en 1843 se hizo una ley para que se celebrase como fiesta nacional.

Romiaki: ¿Le traigo un poco de agüita?

Romiós: Los primeros Gobiernos la celebraron… Después cayó en el olvido… Claro que le quedó la calle…

Romiaki: Vamos fuera para que te dé un poco el aire (*tira de él hacia fuera*).

Romiós: Pero ya veis que el 3 de septiembre de 1843 se cometió una falta imperdonable… ¡El enemigo no nos había invadido desde fuera…, en cierta manera era natural de aquí! Y los enemigos de aquí pusieron a un ratón y se comió el decreto.

Romiaki: Ven, vamos al bar, invito yo (*tirando de él continuamente*).

Romiós: Vamos que hemos venido a comprar a la plaza Sintagma. Alimentan a las palomas, pero por qué se llama Sintagma y qué es el 3 de septiembre, vete tú a saber. Quiero ser ministro a toda costa.

ROMIAKI: ¡Ya veo, ya veo! ¡Por eso te digo que te vengas conmigo, por tu bien! Yo te comprendo, te votaré. Ven… (*al público*). No os preocupéis, diré que no le dejen que vuelva a ganar (*lo empuja hacia fuera*).

(*Una mujer que lleva una lámpara de aceite aparece en la calle que va hacia el palacio. Da algunos pasos como si fuese un ladrón y después les hace señas a otros para que la sigan. Vienen dos hombres. El primero lleva una lata grande con pintura y el segundo un cartel pegado a un palo que dice "3 DE SEPTIEMBRE".*

Avanzan apresuradamente y con cautela hacia el palacio. Allí la mujer ilumina al hombre que lleva la pintura para que escriba en una superficie blanca y con letras grandes… "CONSTITUCIÓN". Al mismo tiempo, en el lado de enfrente, encabezado por el cantante, ha empezado a congregarse el pueblo que dice…).

Amigos y hermanos,
madres, ancianos y niños,
asomaos por las ventanas y contemplad
quiénes caminan en las sombras
y por las callejuelas se pasean,
el 3 de septiembre,
madres, ancianos y niños.
Escriben consignas,
mensajes para el rey.
Si no gritas,
sal a escribirlo
para que no te oigan esos perros,
pega un grito sin hablar,
consignas y mensajes
para el rey.

(*Los otros, en el palacio, en cuanto que terminan de escribir en la pared, van corriendo a unirse al resto del pueblo. Casi al mismo tiempo, salen del palacio unos cortesanos y unos sirvientes que sospechan algo. Ven escrito en la pared "CONSTITUCIÓN" y se apresuran en llevar un cubo y cepillos para limpiarlo. La limpieza continuará con afán, pero sin ningún resultado durante casi toda la escena.*
Los cuatro embajadores llegan apremiados al escenario central –entre el palacio y la asamblea popular–. Se encuentran con las últimas palabras de la canción y empiezan con los saluditos y con su diálogo).

INGLÉS: ¿Recibieron mi aviso?

FRANCÉS: ¿Ustedes recibieron el mío?

RUSO: ¿A qué hora recibieron mi aviso?

AUSTRIACO: Poco antes que ustedes recibiesen el mío.

INGLÉS: (*al ruso*) Su aviso es excelente.

RUSO: Comparable con el suyo.

FRANCÉS: (*al austriaco*) ¡Me ha gustado mucho el suyo!

AUSTRIACO: ¡El suyo era incomparable!

RUSO: (*al francés*) ¿Era claro mi aviso?

FRANCÉS: ¿Le agradó el mío?

INGLÉS: (*al austriaco*) Su perspectiva también es la mía.

AUSTRIACO: Todo un honor para la mía.

INGLÉS: (*cantando*) ¡Inglaterraaaaa!

FRANCÉS: (*cantando*) ¡Franciaaaaa!

AUSTRIACO: (*cantando*) ¡Austriaaaaa!

INGLÉS: (*cantando*) ¡La dominación del mundo!

FRANCÉS: (*cantando*) ¡El capitalismo!

RUSO: (*cantando*) ¡El terrorismo!

AUSTRIACO: (*cantando*) ¡La Santa Alianza!

TODOS JUNTOS: (*bailando y cantando*).

Cuatro potencias somos

con responsabilidades elevadas,

que Europa no padezca

los errores de las pequeñas.

¡Tralalá, tralalá, tralalá!

INGLÉS: Es un golpe de suerte que nos encontremos aquí.

FRANCÉS: ¿Basta con que nos encontremos aquí?

RUSO: ¿Les basta con que nos encontremos aquí?

AUSTRIACO: ¿Que nos encontremos aquí no explica por qué nos encontramos aquí?

INGLÉS: ¡De otro modo no habría razón para encontrarnos aquí!

FRANCÉS: ¿No estamos de acuerdo en que debíamos encontrarnos aquí?

RUSO: ¡Sería funesto que no nos encontrásemos aquí!

AUSTRIACO: ¡¡Pero no nos encontramos aquí única y solamente por encontrarnos aquí!!

INGLÉS: ¡Luego nos encontramos aquí ya que sabemos por qué nos encontramos aquí!

Cañones
(*Los embajadores se dirigen hacia el lugar en el que está el pueblo. También han llegado otros con una pancarta que dice "Constitución" y "Libertad"*).

Toques de trompeta
(*Los embajadores se dirigen hacia el palacio. Un cortesano sale llevando una pancarta que dice, con buena caligrafía, "Estupidez ruidosa"*).

Cañones
(*Los embajadores se dirigen hacia donde está el pueblo, desde donde se levanta una pancarta que dice "Estúpida altivez"*).

(*Cantando desde el lado en el que está el pueblo*).

Eran soldados,
capitanes y seglares,
y un juramento hicieron
sobre sus espadas,
no perder la libertad.
Un juramento le hicieron a la espada,
soldados, capitanes y seglares.
Llega a tiempo, Otón,
antes de que cante el gallo,
antes de que el silencio sea niebla,
mi pensamiento sea un rayo
y se desborde el río.
Llega a tiempo, Otón,
antes de que cante el gallo.

(*Los embajadores, ya que prestan atención al diálogo de las pancartas y a la canción, vuelven a comenzar*).

Inglés: ¿Qué opinión tienen sobre esos de allí?

FRANCÉS: ¿Sobre los de allí o los de allí?

RUSO: Nosotros trajimos a los de allí.

AUSTRIACO: ¡Se refiere a los otros de allí!

INGLÉS: Veamos primero a los de allí.

FRANCÉS: Y cuando terminemos con los de allí, nos decidimos por los de allí.

RUSO: ¡Qué opinión tenemos sobre los de allí!

AUSTRIACO: ¿No han estado siempre allí?

INGLÉS: ¿No los empujamos más hacia allí?

FRANCÉS: ¿Cómo han vuelto a estar allí?

RUSO: ¡Pues porque para que estén más hacia allí, los llevamos desde allí!

INGLÉS: ¡Que se retiren también los de allí!

FRANCÉS: ¿Qué opinión tendrán los de allí?

RUSO: ¿Nos vamos hasta allí?

AUSTRIACO: ¿Cómo se lo tomarán los de allí?

INGLÉS: Y si vamos hasta allí, ¿cómo se lo tomarán los de allí?

CAÑONES

(*Por el lado del pueblo, hay una pancarta que dice "*LA GUARDIA EL PUEBLO CERCARON EL PALACIO*"*).

TOQUE DE TROMPETA

(*Por el lado del palacio, un cortesano con una pancarta que dice "*Os PERDONO DISOLVEROS*"*).

CAÑONES

(*Por el lado del pueblo, hay una pancarta nueva que dice "*TAMBIÉN HA VENIDO MAKRIGIANNIS*"*).

TOQUE DE TROMPETA

(*Por el lado del palacio, un cortesano con otra pancarta que dice "*IN-MEDIATA FORMACIÓN DE TRIBUNAL MILITAR*"*).

(*El pueblo canta como respuesta*).

No escupas en el pozo
del que agua vas a beber;
en Nauplia
pan y sal te he dado;
mantén limpia tu mano.
En los tiempos difíciles piensa
que al pozo
a por agua volverás.
Y donde se tenga miedo,
del pueblo la voz oír;
en tierra desierta se vive y reina;
desértico un castillo guarda
y por amuleto tiene el miedo.
Donde se oye una voz,
al pueblo se teme.

(*Los embajadores que seguían el diálogo de las pancartas entre los del palacio y los de la revolución retoman su trabajo*).

INGLÉS: ¿Tener constitución o no tenerla?

FRANCÉS: ¿Tener constitución o no tenerla?

RUSO: ¿Tener constitución o no tenerla?

AUSTRIACO: ¿Tener constitución o no tenerla?

INGLÉS: Si no tenían, ¿por qué van a tenerla?

FRANCÉS: Si no tenían, ¿por qué van a tenerla?

RUSO: Si no tenían, ¿por qué van a tenerla?

AUSTRIACO: Si no tenían, ¿por qué van a tenerla?

INGLÉS: ¡Los habrán movido los que pueden tenerla!

FRANCÉS: ¡No se parecen a los que pueden tenerla!

RUSO: ¡Conozco a otros que no pueden tenerla!

AUSTRIACO: ¡Que les baste con las cosas que sí pueden tenerlas!

INGLÉS: ¿Qué le van a hacer si llegan a tenerla…?

FRANCÉS: ¿Qué le van a hacer si llegan a tenerla…?

RUSO: ¿Qué le van a hacer si llegan a tenerla…?

AUSTRIACO: ¿Qué le van a hacer si llegan a tenerla…?

INGLÉS: ¡No son maduros para tenerla!

FRANCÉS: ¡Son inmaduros para tenerla!

RUSO: ¡Es por su bien lo de no tenerla!

AUSTRIACO: Es inaceptable tenerla.

INGLÉS: ¿Entonces decidimos el no tenerla?

LOS OTROS: ¡No deben tenerla!

INGLÉS: (*cantando*) Inglaterraaaa.

FRANCÉS: (*cantando*) Franciaaaaa.

RUSO: (*cantando*) Rusiaaa.

AUSTRIACO: (*cantando*) Austriaaaa.

INGLÉS: (*cantando*) Dominio mundial.

FRANCÉS: (*cantando*) Dominio del capital.

RUSO: (*cantando*) Dominio del zar.

AUSTRIACO: (*cantando*) Santa Alianza.

TODOS: (*bailando y cantando*).

> Somos cuatro potencias
> con intereses comunes,
> con diplomacia común,
> con policía común.
> Tralalá, tralalá, tralalá.

CAÑONES

(*Los tres embajadores se asustan, se dirigen hacia la asamblea del pueblo. Hay un nuevo cartel que dice:*
"*REPRESENTANTES DE LA NACIÓN EN EL PALACIO*").

TOQUE DE TROMPETA

(*Los tres embajadores giran ahora hacia el palacio, desde donde sale un cortesano con una pancarta que declara:*
"EL REY ORDENA NO SE LE ORDENA").

CAÑONES

(*Nueva pancarta del pueblo,* "IRA DEL PUEBLO IRA DE DIOS"*... y cantan*).

Tierra atormentada

a hierro y fuego,

mira a quién te han traído,

desdichada,

para regirte desde las alturas;

muchas son tus penas,

tierra atormentada

por el hierro y el fuego.

¡Se prende la mecha,

se desenfundan las espadas,

parlamento constituyente forman

y su voluntad es por escrito

y la amplia marea humana

también parlamenta

y desenfundan las espadas!

(*Los tres embajadores, algo intranquilos, se reúnen y vuelven a comenzar*).

INGLÉS: ¿Y si insisten en tenerla?

FRANCÉS: ¡Pues parece que van a tenerla!

RUSO: ¡En esta situación van a tenerla!

AUSTRIACO: ¿Permitiremos que vayan a tenerla?

INGLÉS: ¿Se os ocurre la manera de no tenerla?

FRANCÉS: ¿Y si la tienen sin tenerla?

RUSO: ¿Qué quiere decir con tener sin tener?

AUSTRIACO: ¿Y si no la tienen, pero creen tenerla?

INGLÉS: ¡Si creen tenerla, sería fácil no tenerla!

FRANCÉS: Sabremos que no la tienen y ellos se alegrarán de tenerla.

RUSO: Así tendrán sin tenerla y no tendrán cuando hayan de tenerla.

AUSTRIACO: ¿Quedamos en no tenerla?

INGLÉS: Si impedimos el tenerla, cabe el riesgo de tenerla.

FRANCÉS: Para no tenerla, dejémosles tenerla.

RUSO: ¡Todo lo que no tienen es lo que les permitimos tener!

CAÑONES

(*Giran hacia el pueblo, donde una pancarta nueva se levanta por encima de las demás, diciendo "EL PUEBLO VENCE"*).

(*Los embajadores vuelven a comenzar exaltados*).

INGLÉS: Ya que dejaremos tenerla, veamos ahora quiénes pueden tenerla.

FRANCÉS: ¡Qué pregunta! ¡Nosotros!

RUSO: ¿Es que no bastamos nosotros?

AUSTRIACO: ¡Todo podemos hacerlo nosotros!

INGLÉS: ¡Pues que se reparta entre nosotros y nosotros!

FRANCÉS: ¡Por eso quedémonos nosotros y nosotros!

RUSO: ¡Ay, Dios mío! ¡Qué buenos somos todos nosotros!

AUSTRIACO: ¡Qué Santa Alianza somos nosotros!

INGLÉS: Ellos tendrán lo escrito, todo lo demás nosotros.

FRANCÉS: ¡Cualquier piedra que levantes, allí estaremos nosotros!

RUSO: Se matarán cuando lo creamos necesario nosotros.

AUSTRIACO: ¡Pero sin que aparezcamos nosotros!

INGLÉS: ¡Ellos serán los bailarines, la orquesta nosotros!

FRANCÉS: ¡Los borrachos serán ellos, el vino nosotros!

RUSO: ¡Ellos dirán ideas, la verdad nosotros!

AUSTRIACO: ¡Ellos serán los sueños, las camas nosotros!

INGLÉS: (*cantando*) Diplomaciaaaaa.

FRANCÉS: (*cantando*) Intrigaaa.

RUSO: (*cantando*) Connivenciaaa.

AUSTRIACO: (*cantando*) Astuciaaa.

(*Los embajadores miran hacia el pueblo, que ahora avanza hacia el palacio cantando y ondeando las pancartas*).

El 3 de septiembre,
madres, ancianos y niños,
asomaos y contemplad por las ventanas
lo que al rey llevan
en los papeles con fuerza escritos,
señales y mensajes
para el rey.
¡Eran soldados,
capitanes y civiles,
en sus espadas
un juramento grabaron,
no perder la libertad
y que caiga indivisa como la lluvia
y que no se pierda,
que no se pierda!

(*Los embajadores, que se habían hecho a un lado para que pasase el pueblo, aplauden al aire y luego lo siguen desde cerca con cara de estar conspirando, mientras el pueblo llena el espacio que está frente al palacio cantando y celebrando su "victoria"*).

LA ESTATUA

La estatua de Kolokotronis sin caballo en un pequeño pedestal. La postura recuerda a aquella que tiene el héroe en la estatua ecuestre que está fuera del Antiguo Parlamento[64]. Romiaki pasa por causalidad y se extraña cuando escucha...

ESTATUA: ¡Eh, tú...!

(*Romiaki busca ver quién ha hablado*).

ESTATUA: Ey... ¡Te hablo a ti...!

(*Romiaki sigue buscando*).

ESTATUA: Por aquí, date la vuelta...

(*Romiaki se da cuenta de que la voz es de la estatua y se queda de piedra*).

ESTATUA: ¿Me haces un favor…?

ROMIAKI: Oh…, oh…, la…, el…

ESTATUA: Pobretica… ¿Eres sordomuda?

ROMIAKI: Los…, ay…, laaa.

ESTATUA: ¿Entonces por qué no me contestas?

ROMIAKI: ¿Ha…, ha…, ha… hablas?

ESTATUA: Yo hablo. ¿A ti qué te pasa que no hablas?

ROMIAKI: ¿Pu-pu… puedes?

ESTATUA: ¡Ahora puedo! Antes no podía…

ROMIAKI: Pero…, pero…, pero… eres…

ESTATUA: Tienes razón. Así como me han dejado, no lo parezco mucho pero, si me miras bien, yo soy… el viejo Kolokotronis. Entonces, ¿me haces un favor…?

ROMIAKI: ¿Qué, qué, qué favor?

ESTATUA: ¿Me rascas un poco la espalda? ¡Me pica tanto que me he vuelto loco…!

ROMIAKI: ¿La espalda?

ESTATUA: ¡Sí, muy bien! Como me ha hecho las manos este majadero, ni arrascarme puedo…

(*Romiaki se va por detrás para arrascarle la espalda*).

ROMIAKI: ¿Aquí?

ESTATUA: Sí, muy bien… Aaaaaah. Aaaaaaaaaah. Bendito sea… Y un poquito más arriba… Aaaaaaah. Pues así de quieta como me han dejado la mano, lo único bueno es que señalo hacia la Universidad… Tú que todavía eres pequeña, recuérdamelo…, algún día ese palacio se comerá al otro. ¡¡¡Aaaaaah!!! Arráscame también a la derecha un pelín… Así… Y a la izquierda un poquito. Así, muy bien. Solo que no tengo nada para convidarte.

ROMIAKI: ¿Ba…, ba…, ba… basta?

ESTATUA: Hale, gracias y, si pasas por aquí, acuérdate de mí.

(*Romiaki se va corriendo aterrorizada y se topa con Romiós, que viene del escenario exterior*).

ROMIAKI: Ven rápido… (*tira de él*).

ROMIÓS: ¿Qué pasa?

ROMIAKI: Habla…

ROMIÓS: ¿Quién habla?

ROMIAKI: ¿No me crees?

ROMIÓS: ¿Adónde me llevas?

ROMIAKI: Oh… La… Él… (*lo ha llevado cerca de la estatua*). ¡Habla…!

ROMIÓS: (*contento*). ¿En serio? (*extiende el brazo hacia lo alto y le da la mano a la estatua*). Mis respetos, general. ¿Cómo está?

ESTATUA: Muy buenas. ¿Tú cómo estás?

ROMIÓS: ¡Digamos que bien! ¿Qué hay de nuevo?

ESTATUA: ¿Noticias mías? Me siento aquí y filosofeo.

ROMIAKI: (*a Romiós*). ¿Te conoce?

ROMIÓS: Este es muy buen sitio, es un lugar de paso.

ESTATUA: ¡Está bien, no digo que no! ¡Todo quisqui pasa por aquí! Pero hasta que me acostumbre –como estatua quiero decir–, necesitaré la paciencia de una mula.

ROMIÓS: ¿En serio? Y yo que creía que sería muy agradable.

ESTATUA: Sabes las chorradas que escucho todo el día, no os podéis hacer la idea de lo que me río (*se ríe*).

ROMIÓS: ¡Ja, ja, ja! ¡Me lo imagino!

ROMIAKI: (*tira con más fuerza de la chaqueta de Romiós*). Oye, tú, ¿de qué te conoce?

ESTATUA: ¿Al Karaiskakis[65] aquel lo han hecho estatua?

ROMIÓS: Eso creo…

ESTATUA: Lo habrán hecho. Nos lo harán a todos, no se librará ninguno de nosotros.

ROMIAKI: Ya lo han hecho, yo he visto la estatua.

ESTATUA: ¿Está por aquí cerca?

ROMIAKI: No me acuerdo.

ESTATUA: ¡Eh, si él pudiese venirse aquí o yo irme cerca de él! ¡Lo que nos íbamos a reír! Mira que te diga. No puedo decir que nos llevábamos de maravilla mientras vivimos. Pero no tuvimos a ningún hombre tan valiente y guasón como él. No, no lo tuvimos. Y si ahora estuviésemos aquí juntos, bueno, pues algo podríamos inventar.

ROMIAKI: ¿Me voy a buscar a ver dónde está?

ESTATUA: ¿Tú me has arrascado la espalda antes?

ROMIAKI: ¿Te la vuelvo a arrascar?

ESTATUA: No… ¡Vete y ponte un poco más allá y, si ves que viene alguien, dínoslo!

ROMIAKI: ¿Sea quien sea?

ESTATUA: Sea quien sea… (*Romiaki se va hacia allí y monta la guardia. La estatua le habla a Romiós*). Escúchame, tú que eres un hombre… No vais bien, nada bien…

ROMIÓS: ¡Lo sé!

ESTATUA: Vais a perder la Constitución… Os la birlarán los mismos que os la firmaron…

ROMIÓS: ¡Tampoco es tanto, mi general!

ESTATUA: Escucha lo que te digo. ¿Por qué te crees que dejaron de celebrar el 3 de septiembre? Trabajan muy leeento.

ROMIÓS: ¿Y qué dices que hagamos, capitán?

ESTATUA: ¿Me haces tú un favorcillo por ahora?

ROMIÓS: ¡Los que quieras…!

ESTATUA: Bájame la mano… Me habéis pillado tal como me anquilosó ese cabrito.

ROMIÓS: ¡Con mucho gusto! ¡Niña, ven aquí…! (*contento*). ¡Le vamos a bajar la mano!

ROMIAKI: Señor general, ¿acepta que él le baje la mano?

ESTATUA: Se lo he dicho yo…

ROMIAKI: Si se lo ha dicho usted, vale. Porque él –usted no lo conoce bien– es todo iniciativas hasta que nos encontramos con un marrón.

ESTATUA: Vaya griegos. ¿Sois dos y encima con discordia?

ROMIÓS: ¡Coge fuerte al general por la cintura y sujétalo del revés!

ROMIAKI: (*abraza la estatua por la cintura*). ¿Está bien así?

ROMIÓS: Muy bien. ¡General, le bajo!

ESTATUA: ¡Dale! ¡Otra vez! Otra vez… Venga un poco más… ¡Gracias a Dios! (*agita contento el brazo como para desentumecerlo*).

ROMIAKI: Y el otro.

ESTATUA: El izquierdo.

ROMIAKI: Ya que estamos puestos… ¡Qué más da uno que dos!

ROMIÓS: (*a Romiaki*). ¡Cógelo otra vez!

ESTATUA: Hale, vamos…

(*Romiaki lo vuelve a coger, Romiós se prepara para moverle el brazo izquierdo*).

ROMIÓS: ¡General, que tiro…!

ESTATUA: ¡Tira y no te preocupes…! ¡Más fuerte…! Más… ¡El cabrito me mutiló completamente…! ¡Tira…! Así, muy bien (*agita contento los dos brazos*). ¡Qué bien tener los brazos sueltos!

ROMIAKI: Señor Kolokotronis, ¿siempre es así de risueño?

ESTATUA: Más o menos. Pero desde que morí, me parto… ¡Y por supuesto que con lo de antes me parto de risa…!

ROMIAKI: ¿Entonces se lo pasa bien?

ESTATUA: Escúchame. Antes lo vivía, ahora pienso en ello. Si lo vives, te duele; si lo piensas, te ríes.

ROMIAKI: Él me dijo que le juzgaron por traición, ¿es verdad?

ESTATUA: ¿Lo ocultan…?

ROMIAKI: No… ¡Pero según parece, no lo mencionan mucho! Y dígame, ¿reía mucho entonces?

ESTATUA: Un poquito…

ROMIAKI: Usted, sin embargo, señor Kolokotronis, cuando dijeron "A muerte por traición", ¿no se quedó consternado?

ESTATUA: No. Sonreí y dije "Válgame Dios…". Con lo otro no me reí. Me consterné con aquello.

ROMIAKI: ¿Con qué?

ESTATUA: Que me dieron el indulto.

ROMIAKI: ¡Menos mal!

ESTATUA: ¡Ridículo! Para que tú veas… A mí, guerreando 45 años, me tildan de traidor. ¡Pero de todos modos teníamos paz, yo tenía enemigos, fue el poder! ¡Lo comprendo! Pero que pueda concederles el indulto a los viejos Plaputas y Kolokotronis un escolar que llegó ayer de Baviera porque los extranjeros han elegido a Otón como "el rey de los griegos", eso no me lo tragaría ni muerto… (*ríe*). ¡Cómo me río estando muerto, que Dios me perdone…!

ROMIAKI: Y después…

ESTATUA: Entonces, después también me hicieron una fiesta en el palacio para honrarme… El rey me pone a que me siente a su lado… En cierto momento le dice al intérprete que me pregunte… "qué honor y qué gratificación quiero, que lo que sea me lo dará". Como si se lo hubiera sacado de su propio bolsillo… Miro a uno que hay alrededor del palacio… (*Sin darse cuenta de que se le han soltado las piernas, las mueve, baja del pedestal y continúa el relato, mientras Romiós y Romiaki miran mucho más de lo que escuchan…*). Miro al zorro del ministro de Justicia[66] que había montado la acusación en contra de mí… Era blanco como el calicó inglés. Me dio lástima… Miro a mis enemigos del Parlamento. Se retorcían como si les hubiese dado diarrea. Miro a los bávaros vestidos de lujo… Se hacían los felices… Me vuelvo al rey… Olía a colonia… Me digo a mí mismo "Al diablo…". Digo en alto… "¿Qué quiero? Diles a los violinistas que me toquen una canción *kléftica*[67]" (*se escucha bajito un clarinete en un ritmo kléftico*). Anda, iros ya porque tengo que prepararme para mañana.

Romiós: ¿Mañana? ¿Qué va a pasar mañana?

Estatua: Mañana amanece de nuevo el 25 de marzo[68]. Vendrán con coronas de flores y grandes tambores… Yo estaré allí arriba como una estatua… ¡Y cuando llegue el momento de que dé un paso al frente el majadero que vaya a soltar el discurso…, le diré… "Para…"! "¡Todos los años vosotros dabais el discurso…! Este año lo daremos nosotros… Y primero, tú, señor orador, ¿no fuiste tú mismo el que echó a la cárcel a Nikitarás…? ¡Oculta tus papeles…! Ocúltalos, maldita sea, especulador de la libertad, porque te voy a poner a que te los tragues y se te taponará el colon… Échate ya para atrás…". Escuchad, griegos de ahora… Si os ponen de ejemplo a nosotros, los muertos, aprended a distinguir con qué perfidia lo hacen… Y si os hablan sobre la libertad por la que luchamos, mirad primero si tiene cuatro ojos. ¡Dos delante para ver a los turcos y dos detrás para ver a aquel que quiere que los turcos se vayan, para convertirse en señor él solito! Cuidado, griegos, a nosotros, los antiguos, mientras vivíamos, nos atormentaron y nos hicieron daño. No dejéis que los especuladores hagan monedas falsas de los combatientes muertos para que os tomen el pelo… Y si queréis honrarnos de verdad a los antiguos, no nos esperéis más. ¡Haced vuestro propio camino, id hacia delante y olvidadnos! Nuestra obra y nuestro tiempo ya son pasado y no se parecen a lo vuestro. Que no os digan que nosotros, analfabetos, con un mendrugo de pan y con la fe puesta en Cristo, hacíamos milagros… ¡Donde estés, Karaiskakis, dilo mejor…!

Nosotros luchamos para que vosotros tuvieseis estudios y el pan que no tuvimos y para que no necesitaseis milagros para vivir una vida digna… Ey, Papaflessas[69], levántate y ven a ayudar. Dejaos de nuestra lucha y mirad por la vuestra… ¿Dónde está el 3 de septiembre…? ¿Dónde está vuestra Constitución…?

Septiembre es un hijo de marzo y vosotros nuestros hijos. Los muertos a los asuntos de los muertos y los vivos a los asuntos de los vivos... ¿Qué más vamos a querer nosotros...? ¡Ay, dónde estáis, Karaiskos...! ¡Flessas...! Andrutsos[70]... Ponte delante, viejo Plaputas... Eh, muy bien..., tocadnos un baile *tsámikos*[71]...

(*El clarinetista toca con más intensidad y baila solo un poco bajo la luz que se va atenuando*).

LA HUIDA DE OTÓN

Romiaki e inmediatamente después el cantante y todo el pueblo de la obra se reúnen en el escenario central. Todos cantan, siendo los corifeos el cantante y Romiaki.

De allí arriba grandes noticias traigo,
esperaba un pelín a tomar aliento
y pensar a ver si me río,
si lloro, si grito o si callo.
Los reyes ya se fueron ahora al puerto;
en la playa, abajo,
los despiden nuestros aliados.
Tal como lo prepararon y lo hicieron,
desde el principio su tumba cavaron
y de cerca nuestros grandes defensores y benefactores
poco a poco se hicieron sepultureros.
¿Y quién pagará los platos rotos?
¿De nuevo cómo empezaré?
¡Si supiese al menos por qué!
Qué me tiene escrito aún mi suerte
lo estudian tres mecanógrafos.
Nos lo dirán los escribanos y los curas
con fiestas, tambores y trompetas.
La Constitución la tienen los policías
y en el palacio los cortesanos
aguardan a que aparezca algo nuevo.
Se engalanaron los banqueros extranjeros,

se afeitaron los intermediarios griegos;
a siete el interés, a diez el engalanamiento,
a cuarenta con el aceite y el vinagre.
Y el que mudo creía y esperaba
amargado se queda y ve
cómo la libertad sale a subasta.
Pueblo, no te aprietes más el cinturón,
no tengas ya el hambre por orgullo,
las luchas que has librado no sirven
si no pagan la sangre derramada.
Pueblo, no te aprietes más el cinturón,
el hambre es el orgullo del cobarde,
del esclavo que tiene por destino la sepultura.

FIN DE LA PRIMERA PARTE

SEGUNDO ACTO

KARAGUIOSIS REY[72]

Romiós: ¡Y, así pues, Otón y Amalia se nos fueron y nos quedamos sin rey y sin reina! Los cortesanos sin corte, las damas de
honor de la reina sin honor, los maestros de ceremonias sin
ceremonias y los reyes, hermanos extranjeros, con un hermano
menos. ¡Qué desgracia! ¡Por supuesto, también había algunos
insulsos que sostenían que no era necesario que importásemos
reyes, que incluso podíamos vivir sin ellos! Además, decían
que parecía servilismo el que millones de griegos tengan a un
extranjero que diga mi pueblo, porque así debe ser, y se refiera
–a saber por qué– a nosotros. ¡Opiniones! ¡Al final prevalecieron
los primeros, los cuales –con el apoyo de las grandes potencias–
le explicaron al pueblo griego que Grecia sin un rey no se presta
para cuentos! ¡O sea que no se permite que digas "Érase una
vez un rey y una reina" y que te refieras a Grecia, lo cual es una
calamidad! De modo que pusimos de nuevo a intermediarios
para que buscasen, pusimos anuncios en los periódicos, pusimos
pregoneros… (*hacia el escenario exterior dando palmas como
señal*). Venga, don Jatziavatis, le estamos esperando…
(*Entran Jatziavatis, el tío Giorgos, Ñoños, Morfoñós y Stávrakas. El
primero pregona el mensaje y los demás lo siguen de cerca*).
Jatziavatis: Escuchen, ingleses, franceses, portugueses, daneses,
alemanes, españoles, estadounidenses, ortodoxos, protestan-
tes, católicos…[73] ¡Se busca rey para un pobre país, pero virtuo-
so, con unos espléndidos principios familiares y tradiciones,

poco usado, pero hermoso y en buen estado! Los interesados deben reunir los siguientes méritos: no hablar griego, ser de sangre azul por la gracia de Dios y ser rubios, graciosos y alegres para alegrar a la desafortunada Grecia. Sueldo satisfactorio, horario laboral con base en un acuerdo especial. Para más información, diríjanse a los Gobiernos aliados.

Tío GIORGOS: Oye, Jatziavatis...

JATZIAVATIS: Todo oídos, tito Giorgos...

Tío GIORGOS: Como estamos cerca de la barraca de Karaguiosis, digo yo, ¿y si llamamos a su puerta para decirle que venga también y que así estemos todo el pueblo?

JATZIAVATIS: Si también están de acuerdo los demás, tesoro, lo acepto con mucho gusto.

Tío GIORGOS: ¿Qué decís vosotros? ¿No debe de estar también Karaguiosis con nosotros en la búsqueda del rey?

LOS OTROS: Debe, debe.

ÑOÑOS: ¡Entonces pues, apreciados míos, ya que nos apreciamos tanto, se me ocurre una idea de las que no hay, por san Dionisio!

MORFOÑÓS: Oigámosla.

ÑOÑOS: ¿Por qué buscar un rey en Rusia, en Alemania o en Inglaterra? ¿Por qué, queridos, no elegir uno de nuestro propio pueblo, que hablemos la misma *lingua* y que tengamos la misma *mentalità*?

JATZIAVATIS: Pero, don Dionisios, ¿olvidas qué tipo de órdenes nos han dado?

ÑOÑOS: ¡Pues me cago yo en sus órdenes! ¡Yo, preciados míos, creo en la poesía, me he criado con Dionisito Solomós[74], que lo quería todo en griego! *Cento per cento!*

STÁVRAKAS: Que tengas una larga vida, *fiore d' Oriente*.

ÑOÑOS: ¿Estáis *d'accordo*?

STÁVRAKAS: ¡Yo quiero un rey que sea de los nuestros! ¡Punto y final!

JATZIAVATIS: Nos meteremos en líos.

Tío GIORGOS: ¡Vamos a engañarles! Digamos que no hemos encontrado a ningún europeo y que hemos cogido a uno griego.

ÑOÑOS: *Certo*, preciados míos. Y como estamos todos unidos, ¿qué *straniero* o nativo se atrevería a ir *contro la volontà* del pueblo?

Tío GIORGOS: ¡Viva el pueblo!

TODOS: ¡Viva!

ÑOÑOS: ¡Y ahora, preciados míos, *pensiamo a chi sceglieremo*!

Tío GIORGOS: ¡Por lo pronto creo que no es necesario que vayamos muy lejos! ¡Para rey de los griegos puede ser uno de nosotros, basta con que los demás abran bien sus ojos cegatos y que lo acepten!

MORFOÑÓS: ¡Basta con que tenga ojos para ver!

JATZIAVATIS: ¡Espléndido! Procedamos pues a la elección.

ÑOÑOS: ¡Yo, preciados míos, daré mi discurso simple y llanamente! Elegidme para rey y, por san Dionisio…

VOCES-PROTESTAS

JATZIAVATIS: ¡Calma, por favor! ¡Aquí, mis tesoros, peligran elevados intereses nacionales! ¡Tío Giorgos, su turno…!

Tío GIORGOS: ¿Veis el bastón de pastor? Si no me dejáis terminar, abriré cabezas. ¡En cuanto a lo demás! ¿Quién de vosotros, acémilas, sabe de rebaños mejor que yo? ¿El pueblo es un rebaño o no lo es? ¿Acaso no soy yo el único que sabe sacarlo a pastar, tener perros para protegerlo y traerlo de vuelta al redil, ordeñarlo, esquilarlo, venderlo y comprarlo?

VOCES-PROTESTAS

JATZIAVATIS: Corazoncitos míos, estas no son formas, nos van a oír. ¡Señor Morfoñós, su turno!

MORFOÑÓS: ¡Insistiré en lo mismo! ¡El que tenga ojos que me vea!

JATZIAVATIS: ¿Señor Stávrakas?

STÁVRAKAS: Prefiero ser el último…

JATZIAVATIS: ¡Entonces hablaré yo! Corazoncitos, no es que quiera alardear, ¿pero quién de vosotros ha visto y ha escuchado más cosas que yo en su vida? ¿Quién le ha servido de chico de los recados a todos los jefes que ha habido hasta ahora? ¿Quién de vosotros ha escuchado que le digan mil veces "Coje esto y haz como si no hubieses visto ni oído nada"? ¿Quién de vosotros se sabe la historia que no ha sido escrita, que no se escribe y que no se escribirá jamás? De allí, corazoncitos míos, mis conocimientos y mi formación…

VOCES-PROTESTAS

Tío GIORGOS: (*con fiereza…*). Aquí cada loco con su tema… ¡Hasta aquí hemos llegado! ¡Vaya! ¡Todos a la cola y a buscar un rey en Europa! Prefiero a un extranjero a un cafre como vosotros.

ÑOÑOS: ¿O sea, qué es lo que quieres tú, *ignorante*? ¿Que te tenga a ti un mayoral de rey en el *palazzo*, para que seamos el hazmerreír del mundo? ¡*Avanti*, encontremos a un *straniero*! ¡Prefiero mil veces a un *straniero* a un *comandante* del rebaño!

Tío GIORGOS: ¿Y acaso yo no lo prefiero a ti?

JATZIAVATIS: ¿Estáis en vuestros cabales, corazoncitos míos?

Tío GIORGOS: ¡Y que a ti!

JATZIAVATIS: ¿A Karaguioso antes que a mí?

ÑOÑOS: ¿Pues no eres mejor que él, tío pelota?

JATZIAVATIS: ¡Si es mejor que yo una vez, es diez veces mejor que vosotros, paletos viejos, bobalicones del Heptaneso!

STÁVRAKAS: (*con fiereza*). No me digas, chico. ¿También me metes a mí?

JATZIAVATIS: ¡A todos vosotros, hombres ignorantes! ¡Antes de tener a cualquiera de vosotros de amo, yo voto a Karaguiosis!

STÁVRAKAS: (*con terquedad*). ¡Yo lo mismo!

MORFOÑÓS: ¡Y yo!

ÑOÑOS: ¿Entonces elegimos a Karaguioso?

TODOS: ¡No!

ÑOÑOS: ¿Cómo que no, majaretas? Ya que discrepamos todos en lo que queremos y estamos de acuerdo en lo contrario, quiere decir que hemos elegido a Karaguioso.

TÍO GIORGOS: ¡Vosotros habéis enmierdado la elección! ¡Ahora lo hecho, hecho está! ¡Sigamos!

JATZIAVATIS: ¡Ahora usted, tío don Giorgos, que es el mayor, tiene que comunicárselo…!

TÍO GIORGOS: Y encima es mi sobrino.

(*Se acerca a la barraca de Karaguiosis y llama con fuerza a la puerta*).

VOZ DE KARAGUIOSIS: ¡Mujer, escóndeme…!

VOZ DE KARAGUIOSENA: Habla bajo. Que los vas a despertar con esas voces que das.

VOZ DE KARAGUIOSIS: ¡Escóndeme, apiádate de mí, estoy perdido!

VOZ DE KARAGUIOSENA: ¿Qué has robado otra vez?

VOZ DE KARAGUIOSIS: ¿Cómo quieres que lo sepa? ¿Acaso lo supe alguna vez? Mira con cuidado por las rendijas a ver quién aporrea, ¿Velinguekas o Giusuf Arap?

VOZ DE KARAGUIOSENA: (*va, mira y le habla*). ¡Ah, si es el tío Giorgos!

VOZ DE KARAGUIOSIS: (*se aproxima a la puerta*). ¿Qué, tío Giorgos…?

TÍO GIORGOS: Sal fuera, acémila.

VOZ DE KARAGUIOSIS: ¿Por qué, tito? ¿Qué he hecho?

TÍO GIORGOS: Sal enseguida porque si no, te voy a sacar yo.

KARAGUIOSIS: (*sale*). ¿Qué pasa, tío? ¿Hay elecciones?

TÍO GIORGOS: ¡Ven que te dé un beso…!

KARAGUIOSIS: ¡Jo…! ¿Qué estás tramando, tito?

Tío GIORGOS: Oye, bicho, que te hemos elegido como rey.

KARAGUIOSIS: ¿A mí?

JATZIAVATIS: ¡A ti, Karaguiosis mío!

KARAGUIOSIS: ¿Así? ¿Sin preguntarme?

JATZIAVATIS: ¡A usted le ha elegido el pueblo!

KARAGUIOSIS: ¿Y quién ha puesto al pueblo a que me elija?

ÑOÑOS: ¡Esta vez, mi vida, ha votado al candidato de su corazón!

KARAGUIOSIS: ¡Anda! ¿O sea, que tendremos una dictadura?

JATZIAVATIS: ¡No piense mal, querido mío, venid solamente a que preparemos la fiesta de coronación!

KARAGUIOSIS: ¿Y comeremos?

JATZIAVATIS: Pues claro que comeremos, tesoro.

KARAGUIOSIS: ¿Cuándo empezamos? ¡Hay que darse prisa!

JATZIAVATIS: Lo antes posible.

KARAGUIOSIS: ¿Qué comida habrá?

Tío GIORGOS: Cien corderos lechales asados.

KARAGUIOSIS: ¿Habrá pan?

JATZIAVATIS: Cincuenta ollas de estofado con tomate y patatas.

KARAGUIOSIS: ¿Habrá panecitos?

ÑOÑOS: Doscientos bogavantes con crema de mayonesa…

KARAGUIOSIS: ¿Cuánto pan habrá?

MORFOÑÓS: Quinientos patos y gansos rellenos con piñones y castañas.

KARAGUIOSIS: Tío, ¿habrá pan?

Tío GIORGOS: (*levanta furioso el bastón para darle*). ¡Me cachis! ¡Pues claro que habrá!

KARAGUIOSIS: Vale, tito, no me ladres… Vo-vo-voy a decírselo a Karaguiósena y vuelvo.

KARAGUIOSIS: Mujer…, te he encontrado trabajo.

JATZIAVATIS: Don Karaguioso, ¿por qué no le dice que salga fuera para que se lo comuniquemos oficialmente?

KARAGUIOSIS: Sal fuera, mujer… Y tráete tu vestido de novia.

KARAGUIÓSENA: (*sale con una escoba*). Muy buenos días…

JATZIAVATIS: Muy buenos días, nuestra nobilísima señora Karaguiósena.

KARAGUIOSIS: ¡Tío, déjate de finuras, dile lo otro!

JATZIAVATIS: Con lágrimas de alegría le anuncio que debe prepararse para asumir sus altas responsabilidades. ¡Su esposo ha sido elegido rey por referéndum!

KARAGUIÓSENA: Oye, inútil, espero que no hayas dicho que no.

KARAGUIOSIS: ¡Al principio me asusté! Pero luego me lo pensé con patriotismo y cedí.

KARAGUIÓSENA: Si dijeses que no, holgazán, me separaría de ti… Don Jatziavatis, ¿me sujeta la escoba, por favor…?

JATZIAVATIS: Es un honor…

KARAGUIÓSENA: ¡¿Cómo está, tío don Giorgos?! ¡¿Cómo está la tía doña Giórgena?!

TÍO GIORGOS: ¡Muy bien, sobrinita mía, muy bien!

KARAGUIÓSENA: ¿Vivís siempre en el redil u os habéis ido a una casa?

TÍO GIORGOS: ¡A una casa!

KARAGUIÓSENA: ¿Y cómo le parece a ella la casa? ¿Se ha acostumbrado?

TÍO GIORGOS: No se queja.

KARAGUIÓSENA: Dele algunos saludos (*a Karaguiosis*). ¿Estoy libre el jueves por la tarde?

KARAGUIOSIS: ¿Cómo qué libre? ¡Si estás casada!

KARAGUIÓSENA: Esperaré a sus señoras para tomar el té a las cinco.

JATZIAVATIS: Que Dios le dé una larga vida, majestad.

KARAGUIÓSENA: Ahora, sin embargo, necesito mis sombreros. Envíame a alguien que me traiga mis sombreros de adentro.

KARAGUIOSIS: ¿Qué vas a hacer con ellos?

KARAGUIÓSENA: ¿Cómo voy a volver a casa sin sombrero?

JATZIAVATIS: ¡Muy cierto!

KARAGUIOSIS: Pero bueno, mujer, si has salido sin sombrero..., ¿por qué vas a entrar con sombrero?

KARAGUIÓSENA: ¡Cuando dejé de barrer para salir, no sabía que volvería coronada! Fue tan repentino.

ÑOÑOS: ¡Exacto, preciosos míos! ¡Hoy en día sales de tu casa y no sabes cómo vas a volver! ¿Ministro? ¿Primer ministro? ¿Virrey?

KARAGUIOSIS: (*gritando*). ¡Oye, Kolitiri..., tráete los sombreros que robamos el año pasado en aquel desfile!

KARAGUIÓSENA: ¿Al niño le dices que los traiga?

KARAGUIOSIS: ¿Y a quién si no?

KARAGUIÓSENA: ¡Manda a un súbdito tuyo!

KARAGUIOSIS: (*con miedo*). ¡Enseguida! Don Stávrakas, ¿vas, por favor, a traer los sombreros?

STÁVRAKAS: ¿Y si vienes mejor a destaponarme la cera de los oídos?

KARAGUIOSIS: Anda, déjalo... ¿Don Dionisios?

ÑOÑOS: ¿He entendido bien tu *prego*? ¿Lo que estás buscando son sirvientes o pardillos?

KARAGUIOSIS: Deja, deja... Ti-ti-tío Giorgos, ¿vas a traerlos tú?

TÍO GIORGOS: Qué dices, acémila, reliquia maquillada...

KARAGUIOSIS: Vale, tito, deja..., deja... Yo solo hice un intento... ¡Muy bien por vosotros! ¡Así os quiero! ¡Un pueblo orgulloso! ¡Que digáis que no! ¡Que peguéis, además! ¡Vivan las palizas!

TODOS: ¡Vivan!

KARAGUIÓSENA: ¡Estoy muy emocionada...! ¡Dame tu brazo...!

KARAGUIOSIS: ¿Por qué?

KARAGUIÓSENA: (*le pega en la mano*). Haz así… con tu manaza (*le enseña*). Acompáñame adentro…

KARAGUIOSIS: ¿Yo por qué voy a ir? ¿Se te ha olvidado el camino?

KARAGUIÓSENA: ¡Aprende a comportarte como un rey!

KARAGUIOSIS: ¡Así, gratis! ¡Todavía no hemos visto ni una migaja! ¡Dame la escoba, Jatziavatis! ¡A ver si encima perdemos también la escoba…!

(*Karaguiosis, sujetando con una mano la escoba, ofreciéndole el brazo a Karaguiósena con la otra, se mueve despacio hacia la barraca…, cuando los detiene la voz de Ñoños*).

ÑOÑOS: (*emocionado*). ¡Deteneos, vidas mías! Deteneos un *momento*. ¡Admiradles, hermanitos! ¡Pero por todos los cielos, estás para una foto! Te veo y se me despiertan todos los sueños perdidos de nuestra raza.

JATZIAVATIS: ¡Y todos nuestros tormentos, don Dionisios! ¡Todos están escritos encima de ellos de pe a pa! ¡Pues sí que se parecen, ni que los hubiésemos parido!

TÍO GIORGOS: (*llorando*). ¡Cerrad el pico, majaderos! ¿No veis que mi amor nada en el orgullo nacional?

KARAGUIÓSENA: Di algo tú también, no te quedes como un pasmarote.

KARAGUIOSIS: ¡No me quedo como un pasmarote, estoy temblando!

KARAGUIÓSENA: ¡No tiembles!

KARAGUIOSIS: ¡Esta vez me voy a llevar muchos palos! ¡Unos palos diferentes, unos palos importantes!

KARAGUIÓSENA: ¡Te dije que le dijeses algo al pueblo!

KARAGUIOSIS: (*se aclara primero la garganta*). ¡A Kolokotronis le decían Thódoros!

(*Se dirigen y continúan su camino hacia la barraca. Por el otro lado salen Velinguekas y dos escoltas*).

VELINGUEKAS: ¡Brum, brum, brum, fo!

(*Todos se dan la vuelta para ver a Velinguekas*).

ÑOÑOS: ¡Santo Dios! ¿Ese, cariño, no es Velinguekas?

TÍO GIORGOS: Oye, tú, perro, ¿estás vivo o eres un vampiro?

VELINGUEKAS: ¿No os alegráis de verme, canallas infieles?

JATZIAVATIS: ¡Por Dios, admiradísimo y estimadísimo don Velinguekas!

VELINGUEKAS: Eh, ¿entonces por qué no os alegráis?

ÑOÑOS: ¡Nos ha pillado de sorpresa, mi vida! ¡Nosotros nos habíamos pensado que te habías ido y que nos *abbia abbandonato per siempre*!

VELINGUEKAS: ¡Pues me voy y me vuelvo! ¡Ahora todos somos amigos! ¡Los ingleses, los rusos, los franceses, los australianos, los turcos, los griegos, todos revueltos! Pues me voy y me vuelvo.

JATZIAVATIS: ¡Nos alegramos y nos congratulamos, don Velinguekas! ¿Pero qué buena brisa le ha traído hoy hasta aquí?

VELINGUEKAS: ¡Vuestras voces, tíos canallas! ¿Con que habéis hecho rey a Karaguiosis? ¿A ese desarropado, ese descalzo, ese muerto de hambre, ese perro apaleado, eh, eh, eh…? ¿Con que vais por vuestra cuenta, miserables?

JATZIAVATIS: No, lucero mío…

ÑOÑOS: ¿Te burlas de nosotros, mi *eccellenza*?

TÍO GIORGOS: ¡No has oído bien…!

VELINGUEKAS: ¡Os conozco bien, canallas infieles! ¡Vosotros no me engañáis a mí!

JATZIAVATIS: ¡Nosotros, vida mía, somos inocentes!

ÑOÑOS: ¡*Completamente*! Nosotros *semplicemente* no estuvimos de acuerdo y en medio de la *confusione* se dio el *caso* sin que le diésemos *importanza*…

TÍO GIORGOS: ¡Si Karaguiosis dijo que aceptaba ser rey! ¿Qué culpa vamos a tener nosotros?

(*En ese mismo momento, Karaguiosis sale contento de su barraca. Va cantando el Himno Nacional* [75] *pero, en cuanto que ve a Velinguekas, se hace un lío con la letra*).

KARAGUIOSIS: ¡Te conozco por el…, la…, el…, la… paliza…![76]

VELINGUEKAS: ¿Por qué tiemblas y tiemblas, canalla?

KARAGUIOSIS: (*tira de él hacia dentro*). Ven adentro…

VELINGUEKAS: No me toques…

KARAGUIOSIS: (*tira de él con fuerza*). Te estoy diciendo que vengas…

VELINGUEKAS: ¡Quita tus manazas de encima!

KARAGUIOSIS: (*tirando de él continuamente*). ¡Adentro se está más cómodo!

VELINGUEKAS: Qué cómodo ni qué incómodo.

KARAGUIOSIS: ¡No me zurres aquí fuera…! Que entonces no me ganaré el pan… ¿No te has enterado de que me han hecho rey? O sea que se prohíbe recibir palizas públicamente. ¡Solo está permitido a escondidas!

VELINGUEKAS: ¿De qué palizas me hablas, granuja? ¡Yo lo sé todo y he venido a darte la enhorabuena!

KARAGUIOSIS: ¡Ah! ¿Sí...?

VELINGUEKAS: Y dime, ¿cuándo vas a ir al serrallo?

KARAGUIOSIS: ¿Al palacio?

VELINGUEKAS: ¡Pues sí...!

KARAGUIOSIS: Agacha que te lo diga al oído (*Velinguekas se agacha*). No voy a ir, me voy a quedar aquí.

VELINGUEKAS: ¿En la barraca?

KARAGUIOSIS: Aquí dentro no cabe más gente. ¿Comprendes? ¡Haré lo que me dé la gana!

VELINGUEKAS: Quedarte solo para hacer lo que te venga en gana. ¿No?

KARAGUIOSIS: ¿Cómo lo has entendido?

VELINGUEKAS: ¡Tú lo has dicho! ¿Y no me vas a decir lo otro...?

KARAGUIOSIS: Si te lo estoy diciendo...

VELINGUEKAS: ¿Sabes ruso, inglés, francés, *europeo*?

KARAGUIOSIS: ¡¡¡No!!!

VELINGUEKAS: ¿Y cómo vas a decir *oui, oui, jawohl, jawohl, da, da, yes, yes*?

KARAGUIOSIS: Agacha que te lo diga... (*Velinguekas se agacha*). ¡No lo voy a decir!

VELINGUEKAS: ¡Bravo, bravo! ¿Y por qué porras no lo dices?

KARAGUIOSIS: ¡Para que cambie la suerte! ¡Lo llevo observando durante toda mi vida...! ¡En cuanto que dices *sí, sí, oui, oui, yes, yes, jawohl, jawohl*, te cae un sopapo!

VELINGUEKAS: Así que ahora tú vas a decir *no, nou, nein*, vete a la porra. ¿No?

KARAGUIOSIS: ¿Y esto cómo lo has entendido?

VELINGUEKAS: ¡Tú lo has dicho!

KARAGUIOSIS: ¡Bravo por mí!

VELINGUEKAS: Tú, rey sabio, tío granuja. ¿Y qué haces con los ricos, les dejarás que se bañen en oro y que todo sea suyo?

KARAGUIOSIS: Agacha que te lo diga (*Velinguekas se agacha*). A ellos los voy a ayudar los primeros.

VELINGUEKAS: Bravo, bravo. Tú dime que yo te escucho…

KARAGUIOSIS: ¿Has oído que dicen que… "El dinero no da la felicidad"?

VELINGUEKAS: Brum, brum, brum…

KARAGUIOSIS: Lo dicen los pobres millonarios…

VELINGUEKAS: Brum, brum, brum…

KARAGUIOSIS: "Ay, cómo envidio a los pobres, cómo querría no tener ni una peseta". ¿Has oído todo esto?

VELINGUEKAS: Brum, brum, brum…

KARAGUIOSIS: Lo dicen los pobres ricos. Los escuchas y se te encoge el corazón… ¿Cómo puedo dejarles que sufran…?

VELINGUEKAS: Entiendo… Cogerás dinero de los ricos para dárselo a los pobres…

KARAGUIOSIS: ¿Cómo lo has entendido?

VELINGUEKAS: ¡Tú lo has dicho! ¡Bravo y bravo! ¡Tú, Karaguiosis, gran rey, sabio rey Salomón! (*de pronto grita*). ¡Vosotros, granujas! ¡Cogedlo! ¡Cogedlo…! Así, así… Metedlo entre barrotes… Barrotes… ¿Con que tenemos rebelión, muertos de hambre? Una rebelión descalza y desarropada… Rápido al dragón para que se lo coma, para que purgue el mundo…

(*La bofia arrastra a Karaguiosis a la boca del dragón. Jatziavatis y los demás, quienes se dispersaron en cuanto que Velinguekas comenzó a dar gritos, ahora asoman la nariz*).

KARAGUIOSIS: ¡Oye, Jatziavatis…!

JATZIAVATIS: ¿Qué pasa, vida mía?

KARAGUIOSIS: Me llevan a que me coma la sierpe…

JATZIAVATIS: ¿Y yo qué quieres que haga, corazoncito mío?

KARAGUIOSIS: Llama a Alejando Magno que venga a matarla...

VELINGUEKAS: Vosotros, carretera y manta, granujas... Rápido, ¡a encontrar a un pachá en Europa...! A encontrar a uno europeo, no a un sinvergüenza infiel de los vuestros...

JATZIAVATIS: Escuchen, ingleses, franceses, portugueses, daneses, españoles, estadounidenses...

(Los amigos de Karaguiosis se marchan alterados con Jatziavatis al frente, quien comienza a pregonar como al principio del episodio).

LOS FALSOS CABALLEROS

Romiós: Así pues, trajimos a un nuevo rey, por supuesto que europeo, y con el tiempo padre de familia numerosa. ¡Logramos tener un sucesor, príncipes y cortesanos que anhelaban el bautizo de fuego! ¡También logramos tener una clase dirigente de paletos que quería hacer carrera vestida de su propia leyenda! "Abrillantaron los botones, abrillantaron los galones y se fueron a pasear con los cañones...", es decir, ¡a la guerra del 97[77], o a la batalla de Meluna[78] o de la vergüenza, o de los gallinas! ¡Como veis, tiene muchos nombres para poder ocultarse...!

(*Al escenario exterior llega un buhonero ambulante con su mesita*).

Buhonero: ¡Acérquense, señoras y señores, acérquense, he aquí el polvo taumatúrgico para los dientes! ¡Cura las encías, cura los agujeros dentales, los flemones! En doce días, señoras y señores, tendrán unos dientes capaces de masticar cualquier cosa. ¡Aquí está el célebre polvo del doctor Montefiori, solo por 20 céntimos! No descuiden sus dientes, señoras y señores. ¡Los dientes son el principio de todo! ¡El magnífico polvo Montefiori para los dientes les garantiza su futuro y su carrera profesional!

(*El sastre pasa por enfrente del buhonero sujetando una túnica militar de la época a medio acabar*).

Buhonero: ¡Acérquese, señor mío, probar es gratis! No trabajo para enriquecerme sino para la salud de los griegos. ¡Acérquese, señor mío, solo con probarlo le convencerá...!

Sastre: En otra ocasión...

(*Mientras el sastre va hacia el escenario interior, Asimakis viene de allí –con una camisa– y se encuentran en el escenario central*).

ASIMAKIS: Bueno, bueno, ¿la has estrechado un poquito por la cintura?

SASTRE: Claro…

ASIMAKIS: Anda, vamos a acabarla porque quiero encargarte otras dos…

SASTRE: (*lo sujeta para que se la ponga*). ¿También otras dos…?

ASIMAKIS: ¡Quiero tener de quita y pon! Allí en el frente habrá polvo y, quieras o no, puede que me ponga a sudar. Por eso quiero tener de quita y pon…

SASTRE: Cierto… (*empieza a probarle la chaqueta*).

ASIMAKIS: Y encima estaré cerca del capitán general, el heredero del trono[79]. Él también es muy elegante. Nos parecemos. Ja, ja.

SASTRE: Dese la vuelta un poco.

ASIMAKIS: ¿Has oído que dicen que el hábito hace al monje? Esas son sabias palabras, pero vosotros, los sastres, no sabéis el valor que tenéis y no os las habéis tomado en serio.

SASTRE: ¿Ahora le está bien de la cintura?

ASIMAKIS: ¡Quiero tener cintura!

SASTRE: Pero ha engordado.

ASIMAKIS: ¡Adelgazaré en el frente…!

SASTRE: ¿De verdad va a haber guerra?

ASIMAKIS: ¿Cosemos en balde? ¿No vamos a luchar? ¡Además, Grecia debe crecer, no cabemos! Es decir, ¡cuantos valemos la pena no podemos triunfar! ¡Nos asfixiamos!

SASTRE: ¿Pero estamos preparados para la guerra?

ASIMAKIS: Por eso te lo digo. ¡Quiero otros dos uniformes y tú todavía vas por el primero…! Preferiría el uniforme de caballería, pero no me gustan los caballos, prefiero ir a pie…

SASTRE: Levante un poco los brazos…

ASIMAKIS: ¿Los dos…?

BUHONERO: Y ahora, señoras y señores, abrimos el sobrecillo y echamos en el vaso el magnífico polvo dental Montefiori. Lo diluimos con una cucharilla normal… ¡Aquí lo tienen…! El agua ha tomado este bonito color carmesí… Le damos algunos sorbitos y nos enjuagamos los dientes gargareando por la mañana, el mediodía y la noche… En doce días, señoras y señores, estarán paseando por la calle y todos se pararán para admirar sus encías y sus dientes brillantes. ¡Llévenselo todos por 20 céntimos! ¡Para nuestros heroicos soldados solo son 15 céntimos! La guerra ha comenzado, señoras y señores. Los cuerpos irregulares griegos han irrumpido en la esclavizada Tesalia del Norte. El capitán general, el heredero del trono, ya se encuentra en Lárisa. Prepárense los dientes, prepárense la sonrisa del éxito.

FROSO[80]: (*irrumpe desde el escenario interior*). Asimakis, cariño, ¿lo has oído? ¡Hemos entrado en Lamía!

ASIMAKIS: ¡Que no Froso, en Lamía no, Lamía ya la tenemos!

FROSO: ¿Desde cuándo?

ASIMAKIS: Desde el principio.

FROSO: ¡No me lo habías dicho! ¡Todo lo bueno me lo ocultas! ¿Y ahora dónde hemos entrado, en Lárisa?

ASIMAKIS: ¡Cariño, Lárisa también la teníamos! ¿No envío aceites a Lárisa?

FROSO: ¡No tenía ni idea! O sea, Asimakis, cariño, ¿ahora adónde hemos entrado exactamente?

ASIMAKIS: ¡Al norte de Tesalia!

FROSO: ¿En serio? Bravo por nosotros, es muy conmovedor. Pero lo voy a escribir porque esos nombres se me olvidan. ¿Cómo va tu uniforme, lo ha cosido a máquina?

ASIMAKIS: Todavía…

FROSO: (*al sastre*). ¿Cuándo lo vas a coser?

SASTRE: Mañana…

FROSO: (*a Asimakis*). ¡Te queda de escándalo, Asimakis, cariño! ¡Además, yo también vengo de mi modista! ¡Me estoy cosiendo algo muy elegante para nuestra despedida! ¡Y cómo me queda…! La modista me lo decía y me lo volvía a decir… ¡Está hecha una muñeca, una muñeca! ¡Si el señor la ve así, no querrá ir a la guerra, se olvidará de Constantinopla y de Santa Sofía, de todo! ¡Pero cómo te queda este uniforme, ni que fueses francés! ¡Lástima que no seas militar de nacimiento!

ASIMAKIS: Prefiero serlo de reserva…

FROSO: ¿Sabes que todas se piensan que soy la esposa de un militar? Dicen que me doy un aire…

ASIMAKIS: Mejor ser comerciante, los militares son unos pobretones…

FROSO: También podrías ser del ejército y sacar dinero…

ASIMAKIS: Ya veremos…

FROSO: ¡Pero es que no sabes lo espectacular que te queda! Hazte también un uniforme estival para el verano (*al sastre*). ¡Es moreno y al blanquito al igual que al blanco lo realza mucho! ¿Verdad, Asimakis, cariño?

SASTRE: ¿Pero creen que la guerra va a durar tanto?

FROSO: Eh, pues claro, ya que todos se han hecho uniformes estivales… ¿Dónde están los galones? ¡Quiero elegírtelos yo!

SASTRE: ¡Ya llegará el momento para eso…!

FROSO: ¡Póngale muchos y todos dorados! ¡No piense en absoluto en los gastos!

ASIMAKIS: Antes debo preguntar en la oficina de reclutamiento.

FROSO: ¡Es innecesario! ¡El tío Stelios sabe de eso y se lo contará de inmediato a Deligiannis y a Smolenski!

ASIMAKIS: Deja, ya sé yo…

FROSO: ¡Diles que te pega mucho ser *sous-lieutenant*!

ASIMAKIS: ¿Eso qué es?

FROSO: ¡Pues capitán, Asimakis! Además, ¡si te nombran algo más bajo que *sous-lieutenant*, diles que no vas a ninguna parte!

ASIMAKIS: Venga, deja ya…

FROSO: ¡Ah, no! ¡Si es que vamos a hacer el ridículo, yo no te dejo ir! ¡Y que la guerra se vaya a la porra! ¡Con lo que nos estamos gastando en ascender!

ASIMAKIS: Tranquila…

FROSO: ¡El heredero Constantino tiene que fijarse en ti! ¡Le da mucha importancia a la vestimenta!

ASIMAKIS: Pues todo eso es posible, ¿pero qué hacemos con lo otro…? Esos aristócratas y esos condes lo han vivido así. ¡Y solo le hablan en francés, en inglés, en alemán! ¡Anda, y vete tú ahora a hacerte un hueco para poder pasar por él y ascender!

FROSO: ¡Eh, pues lo que hemos dicho! ¡Tú también te vas a volver igual, como ellos, Asimakis!

ASIMAKIS: ¿Pero cómo, Froso, si en mi familia no hemos tenido aristócratas?

FROSO: ¡Quiero que confíes en mí!

ASIMAKIS: ¿Tú no llamaste a aquel chivo, no buscó en todos los archivos y los registros civiles, no le soltamos un fajo de billetes y encima me sacó que mi viejo había sido perseguido por bandolero?

FROSO: ¡Acababa de empezar en ese trabajo y no sabía! ¡Ahora ya verás, hará milagros! ¡Pues a la mujer del salmista del coro de la derecha, cuyo padre es alicatador, le sacó que era descendiente de un patriarca de Constantinopla! ¡Y, además, con papeles oficiales y solo por ciento veinte dracmas!

ASIMAKIS: ¡A ese yo no quiero volver a verlo! Mira que sacar que mi padre era un bandolero huido de la ley.

FROSO: Ni lo necesitamos. ¡Nos las apañaremos solos, Asimakis, cariño! ¡Confía en mí y yo te encontraré de todo!

BUHONERO: ¡A pares las noticias agradables, señoras y señores, a pares! El ejército griego, bajo las órdenes del capitán general, el heredero, se hizo con la majestuosa victoria en contra de los otomanos. Los griegos marchan más allá de Nezerós y Agía Análipsi[81]. ¡Se avienen días brillantes para la Nación, señoras y señores! ¡Por eso no descuiden sus dientes! Con el magnífico polvo Montefiori duplicarán la influencia que tienen en su entorno. Prepárense para la sonrisa de la victoria... Consigan los dientes de los franceses, de los ingleses, de los italianos, de los alemanes, de los rusos..., solo por 20 céntimos. Pasen...

FROSO: ¿Tu padre no se acordaba de nada?

ASIMAKIS: Si lo sabes...

FROSO: ¿Y tu madre?

ASIMAKIS: Mi madre venía a casa y trabajaba de lavandera. La vio, le gustó y se casó con ella. ¿Otra vez lo vamos a contar...?

FROSO: ¡Los pecados de los padres a los hijos atormentan! ¿Es cierto que tu abuelo era cocinero?

ASIMAKIS: Si en Argos tenía un mesón en el que hacían sopa de callos.

FROSO: ¿Cocinaba él mismo o lo dirigía?

ASIMAKIS: Cocinaba y servía.

FROSO: ¿Tenía más negocios?

ASIMAKIS: Tendría algunas cabras...

FROSO: ¿Teníais objetos antiguos heredados en la familia?

ASIMAKIS: Que no, Froso, que no teníamos, pero si esas cosas se pueden comprar.

SASTRE: ¡No se mueva todo el rato!

FROSO: ¿Tu bisabuelo de qué trabajaba?

ASIMAKIS: De barquero…

FROSO: ¿Tenía un *kaiki*[82]?

ASIMAKIS: No, una barca.

FROSO: ¡Si tenía vela, era un *kaiki*, no una barca!

ASIMAKIS: Puede que también tuviese vela.

FROSO: ¡Luego tu bisabuelo tenía un *barco*…!

ASIMAKIS: Un *kaiki*.

FROSO: Asimakis, cariño, el *kaiki* que navega se llama *barco*… ¿Y no tendría dos?

ASIMAKIS: ¡Los tenía…! Cuando se le hundió el primero, se construyó otro.

FROSO: ¿Lo ves…? Esto quiere decir que tenía dos *barcos*… ¿Y no se le hundiría también el segundo?

ASIMAKIS: No, no se le hundió… Se quemó en el varadero y se hizo otro.

FROSO: ¡Lo mismo da…! O sea, ¡tu bisabuelo tuvo tres barcos! Lo que quiere decir que era dueño de barcos, no de *kaikis*. ¡Digamos que como los Kunduriotis[83] y los Sajturis![84] ¡Un armador!

ASIMAKIS: Frosita, ¿será así?

FROSO: ¡Lo juro por lo más sagrado! Y, además, ¿ese no es el que encontró medio ahogado a aquel francés, al conde Dellavilier, y lo salvó?

ASIMAKIS: No sé si era conde.

FROSO: ¡Es imposible que no lo fuese!

ASIMAKIS: ¿Eso de dónde te lo sacas?

FROSO: Es evidente. ¿Y qué más hay sobre ese francés al que encontró medio ahogado?

ASIMAKIS: ¡En mar abierto, era un náufrago!

FROSO: ¡Estupendo! ¿Y qué hizo con él?

ASIMAKIS: ¡Dicen que se lo llevó a su posada en Kondomitreiko para que se recuperase!

FROSO: Cuando se enteró de que era el conde Dellavilier, le dijo… "¡Como en su casa, señor conde! ¡Coma, beba! ¡Todo suyo! Y cuando se sienta con una salud de hierro, vaya usted con Dios…". Entonces, a Dellavilier se le saltaron las lágrimas y le contestó… "¡Inmortal es la hospitalidad griega! Cuando venga a Francia, señor Kondomitros, tendrá mi castillo a su disposición".

ASIMAKIS: ¡Dirían eso!

FROSO: ¡Solo eso…! Asimakis, cariño, ¿cuántos años tenía tu bisabuelo cuando esto pasó?

ASIMAKIS: No tengo ni idea…

FROSO: ¡Sería joven…! ¡Para poder acarrear con un medio ahogado y poder subirlo por tantas escaleras, tendría que ser joven…!

ASIMAKIS: ¿Qué escaleras…?

FROSO: ¡Luego tu bisabuela también sería joven…!

ASIMAKIS: Lo sería…

FROSO: Asimakis, cariño, ¿te has dado cuenta? O sea, si tu bisabuelo tenía treinta años, tu bisabuela tendría quince años como mucho.

ASIMAKIS: ¿Tan pequeña…?

FROSO: ¡En aquel entonces las cansaban de muy pequeñas!

ASIMAKIS: ¿Y qué pasa con eso?

FROSO: Ahora piensa… El pobre conde, después de tales fatigas, ¿no necesitaría dos o tres meses para recuperarse? ¡Los necesitaría! Luego tu bisabuelo se fue de nuevo con sus barcos y dejó completamente solos en la casa al francés y a tu bisabuela…

ASIMAKIS: Frosita, para ya…

FROSO: ¿Cómo que para…? ¿Es que el hombre iba a dejar de hacer su trabajo? ¿Es que se iba a quedar con el francés para vigilarlo?

ASIMAKIS: ¿…Y luego?

BUHONERO: Viva Grecia, señoras y señores, viva Grecia. Todas las contraofensivas del enemigo han sido rechazadas. Derveni y Menexés siguen siendo pueblos griegos. El capitán general, el heredero, ¡es tan optimista como nunca! ¡Por eso, señoras y señores, enjuáguense los dientes gargareando por la mañana, el mediodía y la noche con el polvo dental Montefiori! No es un fraude, no es un mito, no es una mentira. ¡Es la única defensa si no se mastica bien! ¡La comida sin masticar es igual a molestias estomacales! Con el polvo dental Montefiori combatís el estreñimiento y la diarrea… Si hay algún señor que tenga diarrea, que pase… ¡Probar es gratis, señoras y señores, gratis!

FROSO: Y, así pues, como se quedaron completamente solos, el conde empezó a echarle miradas dulces a tu bisabuela…

ASIMAKIS: ¿A mi bisabuela…?

FROSO: Fue por el viaje… y por el naufragio. Quién sabe cuánto tiempo hacía que no había visto a una mujer…

SASTRE: ¿Le aprieta en la sisa?

ASIMAKIS: No…

FROSO: ¡Ella, casada de pequeña! ¡El conde, que solo le habla en francés! ¿Te crees que una mujer no se rinde si encima no entiende lo que le dicen? Asimakis, cariño, ¿lo has entendido?

ASIMAKIS: ¡Lo he entendido! ¡Mi bisabuelo le salvó la vida y, en agradecimiento, él le puso los cuernos!

FROSO: Así es la suerte.

ASIMAKIS: ¿Pero y ella…?

FROSO: ¡No lo quería…! Y, además, ¿te he dicho lo del dormitorio?

ASIMAKIS: ¡No…!

FROSO: ¡La culpa también la tiene tu bisabuelo, cariño! ¡Porque, si te pasas con la hospitalidad, es como si lo estuvieses buscando!

¿Qué te apuestas a que puso al francés a dormir en su propio dormitorio de ellos y que él con tu bisabuela dormía en otro?

ASIMAKIS: Por bondad...

Froso: Sí, ¡pero sabes lo difícil que es para una casada desacostumbrarse de su cama...? ¡Y, así pues, una noche, ya sea por la costumbre, ya sea por despiste, tu bisabuela abre la puerta y va directa a la cama en la que se había echado el conde! ¿Te dije que era un gran filoheleno?

ASIMAKIS: No...

Froso: Cuando tu bisabuela se acercó a la cama, no la iba a dejar que se fuese... La cogió de su manita y, con una mirada que a ella le produjo un ligero temblor en el espinazo, le dijo, "Quiero que me enseñe griego...". ¿Y qué le iba a hacer, cariño? ¿Decirle que no...? Bajó la mirada y se sentó en la cama...

SASTRE: ¿Así está bien la manga...?

ASIMAKIS: Está bien... ¿Y después...?

Froso: ...Lo demás no se puede contar, Asimakis... ¡No está bien...! Pero te lo puedes imaginar... Yo, con mi imaginación, lo veo todo, como si estuviese sucediendo en este momento...

ASIMAKIS: ¡Es imposible que mi bisabuela le pusiese los cuernos a mi bisabuelo!

Froso: ¿Y tú cómo lo sabes? ¿Es que estabas allí? Además, ¿qué te importa a ti lo que hizo tu bisabuela, quien –que descanse en paz– lleva cien años muerta? Además, el conde era un hombre guapetón, rubio con los ojos azules. Toda la nobleza y la belleza de Francia reunida en él.

ASIMAKIS: Froso, ¿acaso lo viste?

Froso: ¿No te estoy viendo a ti o estoy ciega? ¿No eres guapo, alto? ¿Tu difunto padre no era igual? A su vez, ¿tu abuelo, el hijo de Dellavilier, no era incluso mejor?

ASIMAKIS: ¡Su hijo…!

FROSO: ¡El hijo del conde!

ASIMAKIS: Frosita, escucha. ¡Hemos dicho de ser aristócratas! ¡Pero no que mi bisabuelo nos salga cornudo; mi bisabuela, puta; y mi abuelo, bastardo!

FROSO: ¿Nos vamos a preocupar por los muertos o por nuestro futuro? ¡Y, además, todo tiene un precio! ¡Es una ingratitud! Si la difunta, que descanse en paz, no hubiese hecho lo que hizo, ¿cómo íbamos a tener hoy la cara de presentarnos ante la sociedad como personas? ¡Tienes que hacerle dos plegarias cada día! ¡Le sirvió al francés, pero a ti te hizo conde! ¡Entonces, si quieres progresar, honra a tus ancestros y cierra el pico! ¿Lo has entendido?

ASIMAKIS: ¡Pues claro que lo voy a cerrar y que voy a progresar! Puesto que, como dices… (*al sastre*). ¡Mira que te diga! ¡Espero que mañana esté terminado, debo ir al frente, que los míos ya se van!

SASTRE: He escuchado que vamos fatal…

ASIMAKIS: Imposible, ¡si yo todavía no me he puesto en marcha…

FROSO: (*al sastre*). ¡Eso no lo volváis a decir! ¡Lo que faltaba, que vamos fatal…! ¿Sabéis que toda la alta sociedad se ha ido al frente?

BUHONERO: ¡Ánimo, señoras y señores, que no cunda el pánico! El enemigo ocupó Meluna, pasó de largo por Lárisa y se está acercando a Lamía, pero no parece posible que sea capaz de llegar a Atenas. El capitán general, el heredero, tiene una salud portentosa. Ayer por la noche, en Farsala, comió *jalvás*[85] y, después de dormirse tranquilamente, continúa regresando tranquilo y despreocupado, como si volviese de un agradable paseo. ¿Y por qué, señoras y señores? Porque utiliza el polvo dental Montefiori y tiene los dientes y las encías saludables. Por el contrario, los simples soldados dejan que los microbios les destrocen los dientes, de modo que se retiran en desorden, desamparados, vencidos y misérrimos. ¿Qué señor quiere una muestra gratis y polvo dental de regalo? ¡Acérquese, señor mío, que no le dé vergüenza…! ¡Aquí hay otros que a menudo no se avergüenzan por cosas peores!

CANTANTE, BUHONERO Y SASTRE:

Abrillantaron los botones,
abrillantaron los galones
y se fueron de paseo
con los cañones.
Pagar daños de guerra
con dracmas de oro;
son dos millones
sin contar las pobres vidas.
Y al sultán
que se le dé espacio para que se calme;
Tesalia de vuelta
que de nuevo nos dé
cuatro o cinco
millones de liras
y tú al sol siéntate
para contar los piojos.
Gracias a nuestras deudas
se van a forrar,
darán y tomarán,
se quedarán a gusto,
los banqueros extranjeros
y los usureros;
a mitad de precio se venden

los esfuerzos del pobre.
Y nuestros préstamos
cómo se saldarán
sin que entre ellos
se disgusten.
Abrillantaron los botones,
abrillantaron los galones
y se fueron de paseo
con los cañones.

EN LOS TIEMPOS DE VENIZELOS[86]

ROMIÓS: Pues esto lo padecimos en 1897. Y es de esas cosas que nuestra historia económica conoce muy bien, mientras la otra, la que conocen y eligen los plumistas, la desprecian.

¡Así, Señoras y Señores, nos despedimos sin gloria del siglo diecinueveeeee! ¡Nos había llegado con los Katsandonis[87], Andrutsos, Kanaris[88], Kolokotronis y Karaiskakis, y le dimos nuestro adiós con una opereta bélica y con una entrada carísima –sobre todo en el palco–! ¡En todo caso, lo pagamos muy caro, pero nos libramos por los pelos! ¡En cuanto a la verdad y el fondo de la cuestión…, en Jonia y en sus islas, en el Ponto, en Tracia y en Constantinopla, están esperando a que el Emperador Petrificado se despierte…[89]! Creta clama por unirse a Grecia; el Epiro y Macedonia son todavía del sultán. El pueblo, que no se toma la guerra como un lujo, todavía se calienta las manos en el fuego de 1821[90], da a luz a los últimos del Veintiuno y vuelve a comenzar…

(*El cantante, iluminado por un haz de luz, empieza a cantar*).

¡Hoy te vi y me regocijé;
a ti que las Moiras[91] te amamantaron!
¡Sueños y esperanzas son la corona
con la que te engalané, adalid mío!
¡Pasos, antiguos, caminados,
ocultos en los cipreses, te llaman!
¡Vuelve y abre las puertas,
las que encerraron una gran noche!

Recoge las semillas de las eras,
las marmóreas,
y siembra los campos fértiles
para resucitar a los *akritas*[92] y jinetes!
(*Mientras se está cantando, pasa la silueta de Venizelos a media luz*).

EL DESARRAIGO

Romiós: ¡Se nos fue lejos! Quizás más lejos de lo que debería. ¡Vio muchas cosas...! ¿Pero las vio todas? ¡Turquía no solo era más grande, más rica, más populosa que nosotros! ¡Era algo más: estaba muy cerca de las petroleras de Oriente Medio!

Con que las petroleras, ¿no? ¡En el año de la salvación, 1973, sabemos bien lo que eso quiere decir!

Pero nuestros aliados, los europeos y los trasatlánticos, lo sabían desde entonces.

¡Y muy naturalmente, entre las pasas de Corinto y el tabaco de Agrinio que les proveíamos nosotros, prefirieron el petróleo!

¡Al fin y al cabo, incluso nosotros hicimos lo que pudimos por ayudarles a que nos dejasen a la merced de los intereses internacionales!

¡Justamente durante la confrontación con Kemal, Venizelos pierde las elecciones! ¡Y ese triunfo del cisma transforma un engaño o un regateo político en una desgracia sin precedentes![93]

¡El cisma, el petróleo...! ¡Vio muchas cosas! Pero, ¿las vio todas?

¡Vayámonos ahora hasta Constantinopla, a Esmirna, y volveremos a hablar del asunto...!

(*De nuevo bajo un haz de luz, el cantante pronuncia el siguiente lamento, que acompaña al comunicado de la Cruz Roja que le sigue, así como el texto sobre el Emperador Petrificado*).

Muy desdichado Aivalí
y dolido Aidini,
desolado Eskishehir
y nobilísima Esmirna.

Llorad por Karahisar
y por las Mosjonisia…
La Muerte trabaja en Urla
y la Desolación en Bursa.
¿Por dónde se va a Kasabás,
a Bursa y a Akhisar?
¿Ya no van a Amisós,
a Salihli, a Akhisar?
Salih Zakir, no le lleves
al santo a Nureddin.
En Esmirna ya gobiernan
Yörük Ali[94] y Nureddin[95].

(*El parte radiofónico de la Cruz Roja se escucha por megáfono. Mientras dura, llega Romiaki y se detiene en el escenario central*).

DEL PARTE

María Sideridi, procedente de Alasei de Asia Menor[96]. Pide información acerca de su hija Anastasía. Desapareció en septiembre de 1922, a la edad de ocho años, cerca de Akhisar. Ruega a quien pueda dar información que se ponga en contacto con ella a través de la Cruz Roja.

DEL PARTE

Nuestro hermano Jrísanthos Gianuléas estuvo en el campo de concentración de Uşak, hasta octubre del 22. Desde entonces se desconoce la suerte que ha corrido. Para cualquier información que puedan dar, pónganse en contacto con nosotros, por medio de la Cruz Roja.

ROMIAKI:

¡Petrificado Emperador, qué pesadilla!
Vacía tu tumba en una esquina,
papeles sin leer y puñados de palabras.

¡Petrificado Emperador, qué pesadilla,
en vez de tú resucitó la turquería,
Constantinopla y Esmirna están en llamas!
Dos veces perdida Santa Sofía, última voz en soledad;
a la pobre Bursa la queman
y en Aivalí, cruz, espinas y amargura.

Del parte

Jristos Alexandridis de Tatavla pide información sobre su mujer y sus tres hijos, Pavlos, Fotiní y Sofi, de nueve, seis y dos años. Los vieron por última vez en Bunarmbasi el 18 de agosto de 1922. Se ruega que quien sepa algo informe a la Cruz Roja.

Del parte

Anna y Theofílaktos Avrámoglu piden información sobre su hijo Mijalakis, de trece años de edad. El rastro se le perdió en Esmirna en septiembre del 22 cerca del muelle de madera.

Romiaki:
Tierra perdida y desarraigo, los pies aquí,
por allá el corazón; pedazos míos, dónde encontraros
para echar raíces y de nuevo levantarme
y que dé un grito para que los cielos se ensangrienten:
todos juntos nos ahogaban y nos mataban,
ingleses, franceses, turcos y estadounidenses.

Del parte

Nuestra hija Aristea, de once años, desapareció en agosto del 22, en la persecución que hubo entre Kasabás y Magnesia. Sus padres, Theódoros y Evangelía Jaitatzís la están buscando. Para cualquier información que puedan dar, pónganse en contacto con ellos por medio de la Cruz Roja.

ROMIAKI:

Petrificado Emperador, qué pesadilla,
a la cueva del dragón del petróleo
a buscarte vine
con viejos sueños, Petrificado Emperador, muerto.

CELEBRANDO LA VICTORIA

ROMIÓS: En esta tragedia nacional nuestra que no tiene cura, ese dios nuestro que es tan griego, Saturno, se comió a tantísimos que tuvo que parar durante algunos años para hacer la digestión. Mientras tanto, se esfumó la Gran Idea[97], se esfumó la Grecia de los cinco mares y de los dos continentes.

...Y he aquí ahora, Señoras y Señores, que hemos llegado al último y más esquizofrénico y paranoico de los episodios de nuestra obra.

Para evitar malentendidos, les informo de que –en mi propio diccionario– las palabras paranoico, esquizofrénico, significan auténtico, real, verídico, claro como el agua, como me ves y te veo, que me parta un rayo si te miento... o algo similar.

La pura verdad de este episodio se encuentra en que nos resulta muy pero que muy cercano y familiar. Tan cercano, Señoras y Señores, que existe el riesgo de que no sea creíble... Porque en realidad los personajes del episodio somos nosotros..., ustedes..., el señor que está sentado a su lado..., yo... Y, como es sabido, cuando una verdad es tan cercana, es como nuestra nariz, que para verla tenemos que bizquear.

Regresad a los años 1940 y 1941[98]. Los italianos y los alemanes nos golpearon juntos. El milagro que duró seis meses ya no va a más...

(*Sirenas de alarma, explosiones de bombas, voces de una multitud en pánico. La calma repentina de la muerte*).

ROMIÓS: El capitán Jacobi[99] le avisa a Hitler de que su bandera está ondeando en la antigua Acrópolis de Atenas...

(Se vuelven a oír las voces de una multitud en pánico. Romiós se echa a correr, pero se detiene ante una puerta de barrotes de la cárcel detrás de la cual se encuentra un hombre de mediana edad. Se acerca lleno de dudas y habla con el preso…).

ROMIÓS: ¿Qué haces tú aquí dentro?

PRESO: No entré por mí mismo, me metieron.

ROMIÓS: ¿Y llevas mucho tiempo?

PRESO: Mucho…

ROMIÓS: ¿Por qué? ¿Qué hiciste?

PRESO: Huelgas…

ROMIÓS: ¿Solo…?

PRESO: ¡También repartíamos unos periódicos!

ROMIÓS: ¿Solo…?

PRESO: Y éramos pobres, muy pobres.

ROMIÓS: ¿No has escuchado que vienen los alemanes, que han llegado…?

PRESO: Sí, lo he escuchado…

ROMIÓS: ¿Entonces qué sigues haciendo ahí sentado? ¡Te van a coger…!

PRESO: ¡Me han encerrado, no puedo salir!

ROMIÓS: ¿Quién tiene las llaves? ¿Dónde está el guarda?

PRESO: Se fue…

ROMIÓS: ¿No le dijiste que te abriese…?

PRESO: ¡Le ordenaron que no me abriese!

ROMIÓS: Pero si ahora viene el enemigo.

PRESO: ¡Se lo dije…!

ROMIÓS: ¿Y qué dijo…?

PRESO: ¡Me dijo que ahora me iba a vigilar el enemigo!

ROMIÓS: ¿Quieres que te abra…?

PRESO: ¿Así? ¿De buen corazón…?

Romiós: Porque no estoy de acuerdo... (*abre la puerta y lo deja en libertad...*). ¿Por dónde te vas ahora? ¿Por aquí o por allí?

Preso: ¡Mejor allí donde haya más gente...!

(*Mientras se van, se encuentran con otros que amplían el grupo y, hasta llegar al otro extremo, todo el pueblo de la obra está caminando con ellos. Cantan...*).

Van y van y te buscan, con Dios...

Por campos de asfódelos pasan, con Dios...

Canciones antiguas en la era resuenan, con Dios...

Con ellos van las fieras que se despiertan, con Dios...

La piedra estrujan, se hartan, sacian su sed, con Dios...

A la tierra y a los astros y a los niños les hablan, con Dios...

(*Aparece Romiaki. Se detiene la marcha*).

Romiaki: (*a los espectadores*). En aquellos tiempos, como en todos los tiempos difíciles, fueron muchos los que se dejaron la piel. Hombres que parecían poca cosa cogían el camino hacia la montaña fusil en mano. Sin tener nada, Giannis, Tasos, Vangos, Manolis, este ejército silencioso, esta linda gente nuestra, le empujaban al tiempo en pos de la libertad y la paz. Por una paz engañosa y una libertad que, antes de llegar, parecía tan amplia...

(*Mientras tanto Romiós se había acercado a Romiaki y la escuchaba con atención*).

Romiós: Ey... ¿Tanto has madurado en una función?

Romiaki: Te perdí de vista...

Romiós: Tenemos mucho trabajo...

Romiaki: Llévame contigo.

Romiós: (*tras mirar intranquilo a su alrededor*). ¡Tenemos trabajos difíciles que hacer...!

Romiaki: Me están persiguiendo...

Romiós: ¡Ven…!

(*Se van rápidamente junto a los demás a la vez que resuenan los pasos rítmicos de una marcha militar alemana. Ahora todos corren hacia el telón cerrado, donde dan la imagen de haber sido rodeados. Unas órdenes en alemán les obligan a quedarse quietos. Un grupo de enmascarados irrumpen y comienzan a separar a unas diez personas de entre los patriotas. Los sitúan en el proscenio. Son los personajes básicos de la función, junto a Romiós y Romiaki. Los demás corren para escaparse, los enmascarados se echan a un lado. Se escuchan las órdenes de su ejecución y después las ráfagas de una ametralladora. Los muertos permanecen levantados, encorvados hacia delante, pero en pie.*

Empieza a sonar un tango y al mismo tiempo se oyen unas voces despreocupadas y el murmullo cotidiano de la ciudad. Los enmascarados se quitan los pasamontañas, sus gabardinas oscuras, y aparecen llevando los esmóquines con los que antes se habían ocupado de vestirse, porque en principio la paz y la libertad les pertenecen a los "colaboradores de los alemanes". Se encuentran con sus damas y comienzan a bailar entre los muertos con movimientos vistosos. Sin embargo, de pronto el tango se detiene y los "colaboradores" se quedan inmóviles en sus sitios. Se escucha una música diferente. Romiós y Romiaki se mueven despacio y llegan al escenario central).

Romiaki: En dos minutos termina nuestra obra. Pero no os dejaremos marchar con amargor, y no porque os hagamos un favor, sino porque también sucede así en nuestra vida, o sea, en nuestro país. Nuestras raíces son profundas, la tierra es nuestra. Corto, cortas, corta, cortamos, cortáis, cortan nuestras ramas, nuestro tronco. Pero el suelo se enriquece de nuevo, una voz joven vuelve a surgir y grita, aquí estoy…

Romiós: Nos hemos ocupado de algo difícil, hemos invocado a la locura para que nos ayude, de otro modo no habríamos salido adelante. Temblábamos con todo lo que tocábamos y seguimos temblando. Pero lo que queríamos es que vinieseis a nuestra función y que no os fueseis indiferentes. Podéis estar en desacuerdo, podéis encontrar fallos, podéis enfadaros..., pero no os vayáis indiferentes. Y si os hemos decepcionado de vez en cuando o les hemos hecho reír con cosas con las que no debíamos, es porque elegimos el camino más largo. Allí donde la vida es de cualquier manera, una broma, una grosería, es lo más sagrado, lo sacro y lo impío.

Romiaki: El dragón está aquí y también lo estará mañana y pasado mañana con las fauces abiertas. Se está relamiendo, ¿lo veis? Ha visto cómo han matado a la pandilla de Karaguiosis y está esperando para comérselos... Pero no se los va a comer.... Ni tampoco los han matado... Si no me creéis, pegad el oído al suelo y escuchad... La tierra repica con 80 latidos..., hermosos como un viejo tambor... Algo sucede... Algo sucede...

(*Los ajusticiados, como si obedeciesen a los mensajes del viejo tambor, resucitan. Todo el pueblo de la obra aparece por todos los lados en actitud festiva*).

Canción:

Pueblo, no agaches más la cabeza,
no tomes más al miedo por almohada,
las batallas que has librado no sirven
si la sangre derramada no la saldan.
Pueblo, no agaches más la cabeza,
el miedo escribe el destino negro del cobarde.
Alegría al que conserva la libertad.

FIN

[1] Según la mitología griega, Cronos (Saturno), hijo de Urano y Gea, se rebeló contra su padre y se hizo con el mando supremo del mundo. Como Urano y Gea le habían profetizado que también sería destronado por uno de sus hijos, devoraba los que alumbraba su hermana y esposa Rea (Ops), hasta que su hijo Zeus (Júpiter) lo desbancó y tomó el mando supremo [Graves 1992a: 42-45].

[2] Según el mito pelasgo de la creación, en el principio de los tiempos, Eurínome, la diosa de todas las cosas, creó la serpiente 'Ofión' con la que luego se unió sexualmente. De esta unión surgieron los principales cuerpos celestes a los que Eurínome puso bajo la custodia de los titanes. Rea y Cronos fueron las divinidades protectoras del planeta Saturno [Graves 1992a: 29-31]. Obsérvese el origen del simbolismo de la serpiente.

[3] Las 'Simplégades' o 'Simplégadas' eran enormes rocas que dominaban la entrada de los Dardalenos y, en consecuencia, el lugar donde se estrellaban los navíos que intentaban pasar por dicho estrecho [Graves 1991b: 293]. En este caso, su referencia se debe a las insuperables dificultades de la censura.

[4] Referencia a las tres grandes figuras del drama clásico griego (Esquilo, Sófocles y Eurípides), desarrollado en la Atenas de los siglos VI y V a.C., como resultado de la democracia participativa basada en la libertad de expresión y donde el teatro supuso la cumbre de la creación literaria y de la educación ciudadana.

[5] Según la mitología griega, Atenea (Minerva), la diosa de la sabiduría, fue la protectora de Atenas, tras ganar en un concurso al dios del mar, Poseidón (Neptuno), regalándole a la ciudad el olivo [Comte 2011: 36-37].

San Dionisio Areopagita (siglo I), patrón de Atenas, fue el primer ateniense que se convirtió al cristianismo tras escuchar las prédicas de san Pablo [*Hechos de los Apóstoles* 17: 34]. No se confunda con el teólogo místico de los siglos V y VI conocido como Pseudo-Dionisio Areopagita [Laporte 2004: 707].

[6] A la calle Patision, situada en el centro de Atenas, también se la conoce como "28 de Octubre", día en el que en 1940 Grecia rechazó las exigencias de Mussolini, lo que dio lugar a la fracasada invasión italiana y, posteriormente, a la alemana de Hitler. Se considera Día Nacional de Grecia.

[7] Alejandro III de Macedonia (356 a. C.-323 a. C.), gracias a sus conquistas y su concepto de un nuevo mundo, estableció las bases del mundo helenístico y se ganó el epíteto de "Magno". Su figura se convirtió en verdadera leyenda en Oriente y Occidente, mientras que para el mundo griego representa hasta hoy en día al héroe diacrónico. También se convirtió en uno de los personajes principales del teatro de sombras griego, donde se le dio el papel del héroe matadragones que en el mundo cristiano fue tradicionalmente atribuido a san Jorge [Morfakidis 1999: 128].

[8] En la antigua Atenas, se le daba el nombre de 'acomodador' (de ραβδούχος = *el que porta una vara*), a la persona encargada de mantener el orden en los teatros a modo de guarda y acomodador.

[9] Según la mitología griega, Rea, la esposa de Cronos, engendró a las divinidades Hestia, Deméter, Hera, Hades, Poseidón y Zeus [Graves 1992a: 42-45].

[10] Según la mitología griega, Zeus, tras destronar a su padre, Cronos, se convirtió en el rey del Olimpo y –con ello– del universo. Domina los fenómenos meteorológicos, mantiene el orden entre dioses y hombres y media con justicia ante los conflictos. Sus amoríos con distintas divinidades y mujeres mortales provocaban los enfados de su esposa Hera, la diosa protectora del matrimonio [Comte 2011: 14-16].

[11] 'Pitia' (aquí la 'Pitonisa') es el nombre que recibía la sacerdotisa del oráculo de Delfos que pronunciaba sus vaticinios sentada en un trípode, aspirando los vapores que de allí emergían [Comte 2011: 30].

[12] El oráculo de Delfos estaba consagrado a Apolo, dios que poseía el arte de la adivinación.

[13] Constantinopla fue construida por Constantino el Grande, entre los años 328 y 330 d.C., en el emplazamiento de la antigua colonia griega, Bizancio, con el fin de ser la nueva capital del Imprerio romano, por lo que era también denominada 'Nueva Roma'. Fue la capital del Imperio bizantino hasta el 1453, año de su conquista por los turcos, quienes la convirtieron en la capital del Imperio otomano [Motos-Morfakidis 2006 y 2018].

[14] Filipo II de Macedonia (359-336 a. C.), progenitor de Alejandro Magno, llegó a dominar gran parte de la Hélade y del sur de los Balcanes. Potenció el desarrollo económico de su reino, aumentó su potencia militar y naval, y puso como eje de su política la unificación de los griegos para luchar contra el Imperio persa [Agudo Villanueva 2024].

[15] El célebre rétor y político ateniense Demóstenes (384-322 a. C.) fue el gran opositor de Filipo II de Macedonia, contra el que escribió las series de discursos que reciben los nombres de *Filípicas* y *Olínticas* [Jaeger 1976].

[16] Según la mitología griega, Apolo hijo de Zeus, fue considerado el dios de las artes y de la adivinanza. Su santuario en Delfos fue uno de los más célebres del mundo griego [Comte 2011: 30-31].

[17] Según la mitología griega, Ares (Marte), el dios de la guerra, se caracterizaba por la violencia y la pasión incontenible que le llevó a yacer con la diosa Afrodita (Venus), esposa de Hefesto (Vulcano) [Comte 2011: 28-29].

[18] Según la mitología griega, Febo –que quiere decir "el brillante"– era un epíteto que se le otorgaba al dios Apolo, por lo que a menudo se le confundía con el Sol [Comte 2011: 30].

[19] El texto traducido al español como "Quien irse no quisiere que no se fuere…" aparece escrito originalmente en griego clásico con la oración "Τό μή πρός φυγεῖν οὐ φυγεῖν…".

[20] Andrónico I (1183-1185), el último emperador de la dinastía bizantina de los Comneno, ascendió al trono tras asesinar a su sobrino Alejo II (1180-1183). Dos años más tarde él también encontró la muerte, a manos de Isaac II Ángelo (1185-1195) [Norwich 2000: 279-282; Barzos 1984: 553-620].

[21] Alejo II Comneno (1167-1183) ascendió al trono a los 11 años de edad. El gobierno corrupto e impopular de su madre, quien asumió la regencia, condujo a una rebelión popular que aprovechó su tío Andrónico para ser nombrado coemperador. Andrónico, tras ejecutar a los seguidores y a la familia del joven emperador, acabó dándole también muerte al joven para ocupar el trono en solitario [Norwich 2000: 279-282; Barzos 1984: 530-566].

[22] El emperador romano Constantino I (312-337), tras acabar con el sistema de la tetrarquía establecido por Diocleciano (244-311),

trasladó la capital del Imperio al Bósforo y le dio su propio nombre, Constantinopla (Κωνσταντινούπολις = *ciudad de Constantino*). Con el Edicto de Milán (312) permitió la libertad del culto cristiano (y de todas las religiones), dando comienzo al proceso de la creación del imperio cristiano que primero se encarnaría en Bizancio y luego pasaría a Europa occidental [Walker 2018]. La Iglesia ortodoxa le venera como santo, junto a su madre Elena, y le considera Equiapostol (= *Igual a los apóstoles*) [Vilella 2015].

23 Justiniano I (527-565), se ganó el epíteto de "Grande" por la brillantez de su reinado. Su política fue marcada por la reconquista del Imperio romano de Occidente (*recuperatio imperii*) y sus reformas religiosas, económicas y jurídicas. El llamado *Corpus iuris civilis*, conocido también como *Códice de Justiniano*, fue la base de la jurisprudencia occidental. A él se debe también el magnífico templo de Santa Sofía en Constantinopla [Evans 2005].

24 Con Basilio II Bulgaróctono (963-1025), Bizancio llegó a la cumbre de la dinastía macedonia como potencia política, militar y económica. Puso orden en el interior del Estado, reorganizó la administración y el ejército, protegió a los pequeños propietarios de tierras frente a la aristocracia terrateniente y promulgó leyes favorables a los pequeños comerciantes. Completó la reconquista de los territorios balcánicos y anexionó Armenia. Aseguró las fronteras sur frente al mundo árabe, las del norte frente a los jázaros y fortaleció el dominio bizantino en Sicilia y el sur de Italia. Durante su mandato, también alcanzó su punto culminante el llamado "Renacimiento Macedónico" en las letras y las artes [Norwich 1997: 315-339; Le- merle 1971].

25 Nicéforo II Focás (963-969) ascendió al trono de Bizancio mediante su matrimonio con Teofanó, la viuda de Romano II (959-963). También fue un emperador preminentemente militar y a él se debe la recuperación de Chipre y de territorios en Siria y en los Balcanes. Su enfrentamiento con la Iglesia junto a su desafortunada política económica provocaron su impopularidad y finalmente fue asesinado por Tsimisces, el amante de Teofanó [Norwich 1997: 241-272].

26 El reinado de Juan I Tzimisces (c. 969-976), siguiendo la tradición de los últimos emperadores de la dinastía macedónica, tuvo un carácter preeminentemente militar. Durante su mandato se reconquistó buena parte de los territorios ocupados por los búlgaros [Norwich 1997: 273-296].

[27] Referencia a la dinastía de los Comneno (1081-1185), bajo la cual el Imperio bizantino conoció una época de relativa prosperidad y estabilidad [Barzos 1984].

[28] El sintagma "Salva, Señor, a tu pueblo" pertenece a una composición del culto greco-ortodoxo titulada *Exaltación de la santa cruz*, cuya letra es: "Salva, Señor, a tu pueblo y bendice a tu heredad, dando a tu Iglesia victoria contra sus enemigos y guardando al mundo por medio de tu Cruz" [CPL: 81].

[29] Otón I de Grecia (1833-1862), hijo de Luis I de Baviera (1786-1868), fue el primer rey del recién creado Estado griego. Durante su reinado, se estableció una administración centralizada de inspiración germana y se creó la Iglesia autocéfala de Grecia (administrativamente independiente del Patriarcado de Constantinopla). Su gobierno autoritario provocó una fuerte reacción popular que condujo a un levantamiento en 1843, a causa de la cual el año siguiente tuvo que otorgar una constitución. Fue obligado a abdicar en 1862 [Heurtley et alii: 128-131].

[30] Referencia al año 1821, en el cual tuvo comienzo la Revolución Griega de 1821.

[31] A principios del siglo XX, las potencias europeas contemplaban la posibilidad de la expansión del Imperio austrohúngaro hacia el sur de la península balcánica (hasta Tesalónica) con el fin de poner freno a la amenaza de la expansión del Imperio ruso en la zona. Estos planes se desvanecieron con la Primera Guerra Mundial [Vakalopoulos 1995: 271-274].

[32] En el Congreso de Viena (1815), celebrado al finalizar las guerras napoleónicas, se creó la llamada *Santa Alianza*, mediante la cual Rusia, Prusia y Austria se comprometieron a mantener el orden en Europa y a defender la legitimidad monárquica y los principios del absolutismo, sofocando cualquier movimiento revolucionario o intento de cambiar las fronteras establecidas. Evidentemente, este hecho constituía un importante obstáculo para los objetivos fijados por los revolucionarios griegos [Torre del Río 2015].

[33] En el Imperio otomano, el término *kotsambásides* (< del singular κοτζάμπασης) se aplicaba a gentes con relevancia económica y social que asumían funciones de representación y de mando en las comunidades cristianas griegas.

³⁴ El vocablo turco *bey* (= *señor*) hace referencia a un título administrativo superior, pero inferior al del pachá, que daba poder de mando en extensos territorios.

³⁵ El término *pachá* y/o *pashá* respondía al título otomano más elevado que se podía recibir. Por lo general se trataba de gobernadores de extensos territorios con autoridad administrativa, política o militar.

³⁶ El sustantivo singular *kleftis* (< κλέφτης, en plural κλέφτες), designa a los miembros de grupos rebeldes de las montañas que vivían del pillaje. Se podría decir que eran algo paralelo a los bandoleros de la península ibérica. En la guerra de la independencia griega se conviertieron en los principales contingentes de los revolucionarios.

³⁷ Versos de la canción *Ο πλούσιος έχει τα φλωριά, έχει ο φτωχός τα γλέντια* (= *Monedas de oro tiene el rico y festejos tiene el pobre*) del ciclo dedicado a los *kleftes*, conocido este como *canciones kléfticas* [Politis 1994: 40].

³⁸ Primera estrofa de la *Canción de Liákena* (*Της Λιάκαινας*), enmarcada en el ciclo de la *canción kléftica*. Se piensa que Liákena (= *la mujer de Liakos*) fue un personaje femenino real [Politis 1994: 77-78].

³⁹ Ioannis Kapodistrias (1776-1831), originario de Corfú, fue ministro de asuntos exteriores del Imperio ruso, al que representó en el Congreso de Viena (1814-1815), donde su actuación fue clave para el resultado final. Actuó también de forma decisiva en el Tratado de París (1815), donde se aceptó el estatus de Estado para las Islas Jónicas. Fue el primer gobernante de la Grecia independiente desde 1828 hasta su asesinato en 1831. Su gobierno se caracterizó por la difícil tarea de poner las bases de un Estado moderno de corte occidental [Koukou 2001; Kapodistrias 2021].

⁴⁰ Amalia, hija del gran duque de Oldemburgo (1818-1875), fue reina consorte de Grecia tras su matrimonio en 1836 con Otón I de Grecia (1832-1862) [Zaousis 2002].

⁴¹ Según la mitología griega, Helios era la divinidad que personificaba al Sol que, día tras día, en un carro de cuatro caballos, surcaba los cielos desde su esplendoroso palacio del Oriente hasta el que se ubicaba en el Occidente [Graves 1992a: 190].

⁴² El término *palikari* (< παλικάρι) designa al hombre joven cuya apariencia refleja fortaleza física, valentía, gallardía y compostura imperturbable ante las dificultades y los peligros. De hecho, refleja

toda una forma de ser, heredada de los combatientes de la guerra de la independencia griega [CLG].

[43] El sustantivo plural *capitanes* (καπετάνιοι < del sing. καπετάνιος) designa a los jefes de los grupos armados de los *kleftes* [CLG].

[44] El segmento escrito en alemán *Das ist noch keine antwort!* significa "¡Esa no es ninguna respuesta!".

[45] Josef Ludwig Armansperg (1787-1853), fue uno de los tres regentes bávaros que acompañaron al rey Otón I a Grecia en 1832. Desde 1833 fue presidente del Consejo de Regencia del Reino de Grecia y canciller desde 1834 hasta 1837, año en que dimitió forzado a causa de su impopularidad entre la población griega [Petropulos 1997: 256-306].

[46] Entre 1835 y 1840, se suceden: la regencia de Otón I (1833-1835), el ejercicio personal de su monarquía (1835-1843) y el final del Gobierno del primer ministro Konstandinos Zografos (1837-1840) [Petropulos 1997].

[47] El *armatolós* y también *kleftis* Theódoros Kolokotronis (1770-1843) fue el general en jefe de los revolucionarios del Peloponeso desde el comienzo de la guerra de la independencia griega hasta el 1825, cuando fue depuesto en la contienda civil que siguió. Sin embargo, tras la intervención de Egipto a favor del Imperio otomano, volvió a ser llamado a ocupar el mando hasta el 1828, año de la intervención de las grandes potencias europeas en el conflicto [Kolokotronis 2021].

[48] Dimitrios Plaputas (1786-1865) encabezó a los revolucionarios de Arcadia durante la guerra de la independencia griega. Con la creación del Reino de Grecia, fue parlamentario y comandante de un cuerpo de la Guardia Real del rey Otón I [Castillo Didier 2021: 185-410].

[49] Uno de los más destacados jefes de la guerra de la independencia griega fue Nikitas Stamatelópulos (1781-1849), alias de "Nikitarás". Participó en el exterminio del ejército otomano de Drámalis Pachá en Agionori de Corinto (1822) y en la victoriosa batalla de Kantza en Ática (1823) [Castillo Didier 2021: 235-307].

[50] Nikólaos Kriezotis (1785-1853) fue uno de los jefes de los revolucionarios griegos en la isla de Eubea. Se distinguió en la defensa de la Acrópolis de Atenas (1826) [Castillo Didier 2021: 255-307].

[51] Ioannis Makrigiannis (1797-1864), uno de los caudillos de la Revolución Griega de 1821, luchó en el Epiro, el Peloponeso y Grecia Central. Kapodistrias le nombró jefe de la Fuerza Ejecutiva del Peloponeso. Otón I le concedió la graduación militar de mayor, pero acabó siendo uno de los grandes críticos de la monarquía y protagonizó el levantamiento del 1843 para exigir una constitución. En 1853 estuvo encarcelado durante un año por su actividad antimonárquica, pero tras la abdicación de Otón I, fue ascendido a teniente general. Es ampliamente conocido por sus *Memorias* escritas en la lengua hablada que se editaron *post mortem* entre 1936 y 1938. El texto, que fue considerado por el poeta y diplomático Giorgos Seferis como "literario", ejerció influencia en autores posteriores [Vakalopoulos 1995: 164-232].

[52] Según la mitología griega, Leto, hija de los titanes Ceo y Febe, yació con Zeus y alumbró a los gemelos Apolo y Artemisa [Graves 1992a: 64-65].

[53] La ciudad de Mesolongui, situada en la costa oriental de Grecia, se dio a conocer en todo el Occidente por el alargado asedio al que la sometiron los turcos (1825-1826), el cual desembocó en la desesperada salida de su población en 1826 que acabó siendo una masacre. En 1862 la ciudad se unió a las revueltas que condujeron a la abdicación del rey Otón I [Vakalopoulos 1995: 94-209; Mijos 2021].

[54] Según la mitología griega, Afrodita (Venus) nació del mar, cuando en él cayó la simiente del dios Urano (Caelo). Siendo la más hermosa de todas las diosas, regía la belleza y el amor. A pesar de estar casada con Hefesto (Vulcano) –el dios de la forja y el fuego–, su gran amante fue el dios Ares (Marte) [Comte 2011: 40; Graves 1992a: 80-87].

[55] Se refiere a Luis I de Baviera (1786-1868), padre de Otón I de Grecia (1815-1867). Como filoheleno, escribió poemas cuyo tema principal fue la Revolución Griega de 1821. Sin embargo, fue muy criticado por su influencia sobre Otón y la elección de su Consejo Regente.

[56] El sustantivo plural *cometurcos* (< τουρκοφάγος) se emplea para el que lucha con obsesión y dureza contra los turcos [CLG].

[57] La montañosa y escarpada Mani en el sur del Peloponeso, debido a la belicosidad de sus gentes, mantuvo su autonomía durante la dominación otomana y fue una de las primeras regiones donde estalló la Revolución Griega en 1821. En 1834, el descontento contra la gestión de la regencia de Otón I provocó allí una rebelión que obligó al

gobierno a hacer varias concesiones para llegar a un acuerdo con los rebeldes [Vakalopoulos 1995: 142-186].

58 Con el nombre de Rumelia se designa la región de la actual Grecia Central.

59 El sustantivo *armatolí*, plural de *armatolós* (αρματωλός), designa a los miembros de grupos armados de cristianos que en el Imperio otomano se ocupaban de la vigilancia de ciertos territorios (Macedonia, Tesalia, el Epiro, Arcanania y Etolia) [Kasomulis 2022, t. I: 171-239].

60 Según la mitología griega, Orfeo fue el más célebre de todos los músicos y poetas. Su música dominaba a fieras, árboles y rocas. Tras la muerte de su esposa Eurídice, Orfeo descendió al mundo de los muertos para rescatarla, pero, al no cumplir las condiciones que le impuso el dios Hades, perdió a su amor para siempre [Graves 1992a: 135-136].

61 Menelao, rey de Esparta, emprendió la mítica guerra contra Troya para vengar el rapto de su esposa Helena por el príncipe troyano Paris.

62 Una *jambia* es una daga curva que ha ido adoptando características diferenciadoras en los distintos pueblos orientales [Stone 1999: 310-313].

63 El 3 de septiembre de 1843, se produjo una movilización de políticos, militares y ciudadanos civiles ante el Palacio Real de Atenas, lo cual obligó al rey Otón I a conceder la primera Constitución griega. Debido a ello, la plaza que se halla ante el palacio fue bautizada con el nombre de 'Sintagma' (= *Constitución*) [González Hernández, 2004: 9-12].

64 La estatua ecuestre de Theódoros Kolokotronis, frente al Antiguo Parlamento de Grecia en Atenas, es obra de Lázaros Sojós (1862-1911) y se realizó en París entre 1891 y 1895 (Koulouri 2023).

65 Georgios Karaiskakis (1782-1827) es una de las principales figuras de la guerra de la independencia griega. En 1823, al mando de un ejército de rebeldes, obtuvo varias victorias contra los otomanos en Rumelia. Participó también en el asedio de Mesolongui en calidad de teniente general (1825) y como general en la defensa de la Acrópolis de Atenas, donde murió en combate en 1827 [Trikoupis 2022, t. IV: 99-110].

66 Referencia a Jristódulos Klonaris (1788-1849), importante figura de la Ilustración griega, destacado jurista y político. Fue senador, ministro de Justicia, primer Presidente del Tribunal Superior de Jus-

ticia y Profesor Honorario de Derecho en la Universidad de Atenas [Sotiropoulos 2022: 41-47].

[67] La canción *kléftica* es un subgénero de la canción popular griega, de marcado carácter épico, que proliferó sobre todo durante el siglo XVIII y principios del XIX. Su temática versa sobre la forma de vida y actividad de los *kleftes* contra el poder opresor y en favor de los más débiles en las regiones de Grecia Central, el Epiro y Macedonia Occidental y Central. Este tipo de canción popular se encuentra también en el resto de los Balcanes [Diamatouros 2002: 89-97; Kasomulis 2022: 109-118].

[68] El 25 de marzo se celebra la fiesta nacional de Grecia por ser considerada la fecha en la cual se proclamó oficialmente el inicio de la guerra de la independencia en 1821. Aclárese que Aléxandros Ipsilandis (1792-1828), el general en jefe del levantamiento, tomó la decisión de actuar antes de esta fecha en los principados danubianos de Moldavia y de Valaquia, al considerar importantes para la causa los gobiernos locales regidos por príncipes fanariotas griegos [Trikoupis 2021, t. I: 39-127].

[69] Grigorios Dimitrios Dikéos-Flessas (1788-1825), conocido también como "Papaflessas", fue un sacerdote, político, combatiente y propagador del espíritu revolucionario (del 1821) en los territorios griegos. En el conflicto civil estuvo en la facción contraria a la de Theódoros Kolokotronis. Murió en la batalla de Maniaki de Mesenia (1825) luchando contra las tropas turco-egipcias [Castillo Didier 2021: 220-243].

[70] El *armatolós* y *kleftis* Odisseas Verusis (1790-1825), conocido también como "Andrutsos", fue uno de los jefes más sobresalientes de la Revolución Griega de 1821. Se hizo célebre por detener, con poco más de 100 hombres y durante varios días, a todo un ejército turco en el paso que cerraba una posada en Graviá, en las montañas de Fócide. En 1825, no consiguió la victoria en la batalla de Livanates. Fue acusado de forma injusta, encarcelado y asesinado [Castillo Didier 2021: 220-248, compárese Trikoupis 2021 t. III: 169-171].

[71] Por *tsámikos* (< τσάμικος) se conoce un tipo danza circular tradicional y de carácter heroico que se baila en la mayor parte de los territorios de Grecia [CLG].

[72] En el teatro de sombras griego, cuya función es la sátira social, el protagonista principal de las obras es el jorobado y harapiento

Karaguiosis (< Καραγκιόζης), que da su nombre al propio géne-ro. Karaguiosis representa al tipo de pícaro que intenta sobrevivir engañando y ridiculizando a todo y a todos. Junto a él aparecen varios personajes fijos que responden a tipos característicos de la Atenas de finales del siglo XIX y principios del XX. Varios de estos personajes intervienen también –o se mencionan– en *Nuestro gran circo* y sus características son las siguientes: *Jatziavatis* (también *Jatzatzaris*), que aparenta ser erudito y elegante en sus modales, es el servil y cobarde sirviente de los poderosos que actúa como su intermediario en la trama de cada obra; el *tío Giorgos* –pariente de Karaguiosis–, es un pastor montañés de Rumelia y destaca por su gran fuerza física, su ingenuidad y rudeza –su mujer aparece como la *tía Giórgena*–; Ñoños (diminutivo de Dionisios), procede de la isla de Zante, luce vestimentas europeas y en su habla hay multitud de italicismos, reminiscencias de la larga dominación veneciana en la isla; *Morfoñós* (= *Guapetón*), que va presumiendo de guapo, es poco agraciado físicamente (bajo y con nariz de dimensiones exageradas) y representa al hijo mimado, sabihondo, pedante y cobardica; el bravucón, aunque en el fondo cobarde, *Stávrakas*, reprenta al chulo del Pireo que habla con su propio argot; *Velinguekas*, el cruel y san-guinario albanés, es el jefe de la guardia del pachá; *Karaguiósena* (o *Aglaía*), es la sombría esposa de Karaguiosis, que representa a la mujer sufrida y desesperada a causa de la vida que lleva; *Kolitiri*, el hijo primogénito de Karaguiosis, se asemeja a su padre en el físico y en el carácter; *Yusuf Arap*, es el personaje africano que trabajaba para un pachá [Morfakidis 1999: 44-126].

[73] Alusión explícita a la primera estrofa de la canción *Escuchen, escu-chen* (Ακούσατε, ακούσατε), compuesta en 1951 por el músico Ma-nos Jatzidakis (1925-1994) para la obra de ballet *La sierpe maldita* (*To καταραμένο φίδι*), puesta en escena ese mismo año por la coreógrafa griega Ralú Manu (1915-1988) [Morfakidis 2013: 431-446].

[74] Dionisios Solomós (1798-1857) es considerado el poeta nacional de Grecia. Su influencia fue esencial para la formación de la llama-da *Escuela del Heptaneso*, una de las más brillantes corrientes de la poesía griega contermporánea [AA.VV. 1997].

[75] El *Himno Nacional de Grecia* se compone de las dos primeras es-trofas del poema *Himno a la Libertad* ("Ύμνος εἰς τὴν Ἐλευθερία) de 158 estrofas que escribió en mayo de 1823 Dionisios Solomós. El

texto identifica a Grecia con la libertad, narra las desgracias vividas por la patria helena y refiere las victorias más notables que hasta el momento habían tenido lugar en la Revolución de 1821 [Solomós 1999: 298-335].

[76] Alusión a las primeras letras del *Himno Nacional de Grecia*, a saber, */Te conozco por el terrible filo de la espada/.*

[77] En 1897, se produjo la guerra greco-turca de 1897 con motivo de la pretendida anexión de Creta, reclamada por los cretenses con varias sublevaciones. El resultado fue desastroso para Grecia y el avance del ejército turco provocó la intervención de las grandes potencias europeas. En el tratado de paz que se firmó el 24 de diciembre de dicho año, las fronteras se modificaban en beneficio de Turquía, aunque los turcos tendrían que desocupar definitivamente Creta a finales del año siguiente [Clogg 1998: 78-83].

[78] La batalla de Meluna, que acontenció durante la guerra greco-turca de 1897, concluyó con la victoria turca [Markezinis 2008: 302].

[79] Alusión al heredero de la corona y futuro rey, Constantino I de Grecia (1913-1917 y 1920-1922). En 1889 contrajo nupcias con Sofía de Prusia y en la Primera Guerra Mundial mostró una actitud filoalemana que le enfrentó al primer ministro Eleftherios Venizelos, quien el 1917 le forzó abandonar el país para entrar en seguida en la guerra al lado de la Entente [Clogg: 55-108]. El último enfrentamiento entre los dos hombres fue en 1922, tras el desastre de la guerra con Turquía que provocó su abdicación ese mismo año [Fernández Clemente 1995: 36-56; Morcillo Rosillo 2001: 229-240].

[80] Froso (< Φρόσω) es nombre de mujer.

[81] Referencia a la victoriosa marcha del ejército griego en la primera guerra balcánica (1912).

[82] El término *kaiki* (< καΐκι) designa un tipo de embarcación de muy pequeñas dimensiones que consta de una cabina en su cubierta y que habitualmente se emplea en el mar Egeo [CLG].

[83] Referencia a un armador de la isla de Hidra, Georgios Kunduriotis (1782-1858), que fue combatiente en la Revolución del 1821 y primer ministro de Grecia (05/01-17/04/1848), y a su nieto, Pavlos Kunduriotis (1855-1935), almirante de la Marina griega y primer ministro de Grecia (1926-1929) [Castillo Didier 2021: 245-289].

[84] Referencia a Georgios Sajturis (1783-1841) –combatiente de la Revolución del 1821, oficial destacado de la flota griega y político– y a sus hijos Dimitrios Sajturis (1819-1875) y Konstandinos Sajturis (1835-1903) –ambos fueron oficiales de la flota griega y ministros de Asuntos Navales de Grecia– [Trikoupis 2021 t. III: 118-126; Castillo Didier 2021: 206-206].

[85] El *jalvás* (< χαλβάς) es un tipo de dulce elaborado a base de sémola o almidón y mantequilla o aceite, ingredientes de bajo coste y fácil acceso [CLG].

[86] Eleftherios Venizelos (1864-1936), nacido en Candía (Creta), fue muy posiblemente el político más notable de la Grecia contemporánea. Fue primer ministro de Grecia en siete ocasiones –entre 1910 y 1933–; preparó la unión de Creta al país heleno; se posicionó a favor de la Entente durante la Primera Guerra Mundial, enfrentándose así al rey proalemán Constantino I; promovió la industria y las ciencias y apoyó la agricultura; mejoró las condiciones laborales de los trabajadores; realizó reformas administrativas y educativas; llevó a cabo una hábil política internacional e implantó medidas anticomunistas. Más adelante también limitó la libertad de prensa y perjudicó al régimen parlamentario, lo cual acabó con su carrera política y produjo inestabilidad en el país [Filippís-Álvarez 2018].

[87] Andonis Katsandonis (c. 1775-1808) fue un *kleftis* destacado que comenzó a combatir a los turcos en Arcanania (Grecia Occidental), justamente en el momento del comienzo de la guerra ruso-turca de 1806-1812 –es decir, mucho tiempo antes de que diese comienzo la Revolución Griega de 1821– [Vakalopoulos 1995: 131].

[88] Konstatinos Kanaris (1790-1877), originario de la isla de Psará, fue uno de los más destacados revolucionarios griegos, célebre por incendiar el buque insignia de la flota ortomana (1822), tras la matanza de la población griega de Quios. Llegó a tener el grado de almirante y fue primer ministro por cinco veces en el periodo entre 1844 y 1877 [Trikoupis 2021 t. II, 150-154; Vakalopoulos 1995: 147-224].

[89] Entre las leyendas que surgieron tras la toma de Constantinopla por los turcos, destaca la del "Emperador Petrificado o de Mármol" (< Μαρμαρωμένος Βασιλιάς) que es el sobrenombre que se dio al último emperador de Bizancio, Constantino XI Paleólogo (1449- 1453). Ante el

peligro otomano, Constantino intentó llevar a cabo una política realista aceptando la unión eclesiástica con Roma, pese a la oposición de buena parte de la ciudadanía y el clero. Organizó la defensa de Constantinopla y falleció defendiendo la ciudad el 29 de mayo de 1453. Su heroica figura inspiró dicha leyenda del "Emperador Petrificado", según la cual Constantino no había muerto, sino que se había quedado dormido (petrificado) esperando la llamada divina para recuperar la ciudad y el Imperio [Nicol 1992: 95-108].

90 Referencia al irredentismo griego en las regiones que se quedaron fuera del Estado de Grecia cuando se reconoció oficialmente en 1830, hecho que dio lugar a una serie de levantamientos y conflictos armados con el Imperio otomano [Contogeorgis 1992: 361-364; Vakalopoulos 1995: 139-168].

91 Según la mitología griega, las Moiras (Parcas) eran las divinidades que regulaban el destino del hombre: Cloto (Nona) la tejedora del hilo de la vida, Láquesis (Décima) la responsable de medir su longitud y Átropos (Morta) la encargada de cortarlo [Moormann-Uitterhoeve 1997: 223-224].

92 El sustantivo plural *akrites* (< ακρίτας) designa a los guardianes de las fronteras del Imperio bizantino. A partir del siglo XII surgió todo un ciclo épico de poesía que cantó sus azañas [Michalakis 2016; Alonso Aldama 2007: 15-29 y 2012: 39-49].

93 Referencia a Mustafá Kemal Atatürk, primer presidente de la República de Turquía (1923-1938) y al conflicto greco-turco que acabó siendo el mayor desastre de la historia griega, el cual es conocido como la "Catástrofe de Asia Menor" (1922). La derrota se debió en gran parte a la discordia política interna y la derrota electoral de Venizelos (1920), que provocó su autodestierro y la vuelta de la monarquía con Constantino I [Vakalopoulos 1995: 284-314].

94 Nureddin Ibrahím Pachá (1873-1932) fue un militar turco que destacó en la Primera Guerra Mundial (1914-1918) y en la subsiguiente guerra greco-turca (1919-1923) [Castillo Durán 2020], al igual que Yörük Ali Efe (1895-1951), jefe de los cuerpos de irregulares turcos de la región del Egeo que es considerado un héroe en la Turquía actual [Lewis 1974: 66].

95 El poema se centra en las victorias conseguidas por los turcos y sus protagonistas militares en la guerra greco-turca, así como en las ciudades más emblemáticas y los territorios que perdieron los griegos.

[96] El desastre militar griego en Asia Menor (1922) tuvo como consecuencia el desarraigo de la población griega de las tierras que habitaron durante casi tres milenios. Se calcula que llegó a Grecia casi un millón y medio de desplazados, mientras que se desconoce el número de la población civil que murió durante las persecuciones que tuvieron lugar [Clogg 1998: 96-106]. A su llegada a Grecia numerosas familias se vieron divididas y sin conocer la suerte de sus familiares desaparecidos. Durante varias décadas, a través de programas especiales de la Cruz Roja en la radio, se intentó ayudar al reencuentro de familiares describiendo las características personales de la gente que se buscaba y las circunstancias en las que se separaron.

[97] La llamada *Gran Idea* (< *Μεγάλη Ιδέα*) fue el eje ideológico que marcó la vida política del Estado griego desde su creación en 1830 hasta la catástrofe de Asia Menor en 1922. Consistía en la idea de ir incorporando al país todos los territorios históricamente habitados por poblaciones griegas, hecho que, en realidad, suponía el restablecimiento del Imperio bizantino. [Skopetea 1988; Contogeorgis 1992: 361-392; Vakalopoulos 1995: 27-292].

[98] El 28 de octubre de 1940 dio comienzo la guerra de Grecia con la Italia fascista de Benito Mussolini y, tras la derrota de este, la intervención de la Alemania de Hitler que acabó con la conquista del país (1941).

[99] Al llamado capitán Jacobi, tal como se narra a modo de leyenda, se le atribuye el izado de la bandera alemana con una esvástica en el lado este de la Acrópolis de Atenas en abril de 1941. El hecho causó sensación al ser considerada la Acrópolis el sagrado símbolo diacrónico del mundo griego [Carr 2013: 235].

Bibliografía

AA. VV. (1994), *Ιάκωβος Καμπανέλλης*, Atenas, Ayuntamiento de Zografou, Pnevmatikó Kentro.

AA. VV. (1999), *Más cerca de Grecia. Πιο κοντά στην Ελλάδα* (Αφιέρωμα στον Διονύσιο Σολωμό), Universidad Complutense de Madrid.

Agudo Villanueva, Mario (2024), *Filipo de Macedonia*, Madrid, Desperta Ferro.

Alonso Aldama, Javier (2007), "Observaciones sobre el modo de readaptación de la versión A de «Diyenís Acritis»", *Cultura neogriega. Tradición y modernidad*, Sociedad Hispánica de Estudios Neogriegos.

—, (2012), "Diyenís Acritis A(teniense): a propósito de su traducción al español", en O. Omatos – I. Mamolar – J. Alonso, *Culturas hispánicas y mundo griego*, Vitoria/Gasteiz-Granada, Sociedad Hispánica de Estudios Neogriegos, pp. 39-49.

[Barzos] Βάρζος, Κωνσταντίνος (1984), *Γενεαλογία των Κομνηνών*, Tesalónica, Kentron Byzantinón Erevnón.

Braga Riera, Jorge (2011), "¿Traducción, adaptación o versión?: mare-mágnum terminológico en el ámbito de la traducción dramática", *Estudios de Traducción* 1, pp. 61.

Cabrera, Emilio (1998), *Historia de Bizancio*, Barcelona, Ariel, pp. 301-302.

Caratini, Roger (2001), *Alejandro Magno*, Barcelona, Plaza & Janés, p. 14.

Carr, John (2013), *The Defence and Fall of Greece, 1940-1941*, South Yorkshire, Pen & SwordBooks, p. 235, disponible en https://acortar.link/zb7WHK, recuperado el 18 de mayo de 2023.

Comte, Fernand (2011), *Mitos y divinidades de los cinco continentes*, Barcelona, Larousse.

Castillo Didier, Miguel (2021), *La Independencia de Grecia 1821-2021*, Santiago de Chile, Universidad de Chile.

CASTILLO DURÁN, Fernando (2020), *La invención de Vulcano. El rearme clandestino alemán (1918-1942)*, Madrid, Rialp, s. p., disponible en https://acortar.link/voyUsn, recuperado el 13 de junio de 2023.

[CHAGER] ΧΑΓΕΡ, Φίλιππος (2006), «Η παράσταση ως πρόσχημα: Το μεγάλο μας τσίρκο του Ιάκωβου Καμπανέλλη και η αφήγηση της ιστορίας σε χρόνο ενεστώτα», en N. Χρυσοχόος – M. Ρενιέρη (eds.), *Πρακτικά του πανελληνίου συνεδρίου προς τιμήν του Ιακώβου Καμπανέλλη*, Patras, Perí Tejnón.

[CLG = Centro de la Lengua Griega] Κέντρο Ελληνικής Γλώσσας (2006-2008), *Λεξικό της κοινής νεοελληνικής*, disponible en https://www.greek-language.gr/greekLang/modern_greek/tools/lexica/triandafyllides/, recuperado el 18 de mayo de 2023.

CLOGG, Richard (1998), *Historia de Grecia*, Madrid, Cambridge University Press.

CONTOGEORGIS, Georges (1992), *Histoire de la Greèce*, París, Hatier.

[CPL] Centre de Pastoral Litúrgica, *La divina liturgia. Liturgia de san Juan Crisóstomo. Liturgia de san Basilio*, Barcelona, 2005.

[DELVEROUDI] Δελβερούδη, Ελίζα-Άννα (1994), «Ο Ιάκωβος Καμπανέλλης και ο ελληνικός κινηματογράφος», *Ariadni* 7.

[DIMITRAKOPOULOS] Δημητρακόπουλος, Σοφοκλής (1998³), *Ιστορία και δημοτικό τραγούδι*, Atenas, Parousía.

[DIMITROULIA] Δημητρούλια, Τιτίκα (oct.-dic. 2007), «Ελληνική στρατο-πεδική λογοτεχνία: το *Μαουτχάουζεν* του Ιάκωβου Καμπανέλλη», *Nea Paideia* 124.

EVANS, James Allan (2005), *The Emperor Justinian and the Byzantine Empire*, Westport, Greenwood.

FERNÁNDEZ CLEMENTE, Eloy (1995), *Ulises del siglo XX. Crisis y modernización en Grecia 1900-1930*, Zaragoza, Prensas Universitarias de Zaragoza.

FILIPPÍS, Dimitris – ÁLVAREZ DE FRUTOS, Pedro (2017), *República Griega (1924-1935). Venizelos y la diplomacia española*, Granada.

[Georgakaki] Γεωργακάκη, Κωνστάντζα (2015), *Βίος και πολιτεία μιας γηραιάς κυρίας στην Επταετία: Επιθεώρηση και δικταρορία (1967-1974)*, Atenas, Ziti.

[Georgousopoulos] Γεωργουσόπουλος, Κ. (2003), «Η ιστορία του μπερντέ», C/d *Το μεγάλο μας τσίρκο*, EMI.

González Hernández, Esther (2004), *La azarosa historia constitucional de Grecia. Materiales para el estudio del constitucionalismo histórico griego*, Madrid, Universidad Rey Juan Carlos, pp. 9-12, disponible en https://acortar.link/yGva4t, recuperado el 5 de mayo de 2024.

Goubert, Pierre (1987), *Historia de Francia*, Barcelona, Editorial Crítica, pp. 190-206.

[Grammatas] Γραμματάς, Θεόδωρος (2000), «Ερρίκος Ίψεν-Ιάκωβος Καμπανέλλης. Βρικόλακες – Στη χώρα Ίψεν», en Z. Siaflekis – R. Polikandrioti (eds.), *Identity and Alterity in Literature, 18th-20th C.*, Atenas, *Domos* 2.

—, (2011⁵), *Μύθος και διακειμενικότητα στη δραματουργία του Ιάκωβου Καμπανέλλη*, en I. Kambanelis, *Θέατρο*, Atenas, Kedros, vol. 6.

Graves, Robert (1991b), *Los mitos griegos*, Madrid, Alianza, t. 2.

—, (1992a), *Los mitos griegos*, Madrid, Alianza, pp. 40-220, t. 1.

Jaeger, Werner (1976), *Demóstenes. La agonía de Grecia*, México, D. F., Fondo de Cultura Económica.

[Kalamaras] Καλαμαράς, Βασίλης (06/11/2022), «Καμπανέλλης. Το νεανικό πρώτο του θεατρικό έργο, *Χορός πάνω στα στάχυα* (1950)», diario ateniense *Rizospastis*.

[Kalokiri] Καλοκύρη, Ιωάννα (2023), *Το Μαουτχάουζεν του Ιάκωβου Καμπανέλλη και η Μπαλάντα του Μαουτχάουζεν του Μίκη Θεοδωράκη. Ζητήματα μνήμης της εβραϊκής γενοκτονίας*, Hellenic Open University, disponible en https://apothesis.eap.gr/item/179001?lang=el, recuperado el 25 de mayo de 2023.

[Kambanellis] Καμπανέλλης, Ιάκωβος (1990), *Ἀπό σκηνῆς καὶ ἀπό πλατείας*, Atenas, Kastaniotis.

—, (2020), *Άκουσε τη φωνή μου κι έλα. Τραγούδια και ποιήματα του Ιάκωβου Καμπανέλλη*, Th. Foskarinis – K. Kambanelli (eds.), Atenas, Kedros.

KAPODÍSTRIAS, Ioannis (2021), *Compendio de mi vida pública desde 1798 hasta 1822* (introducción, traducción y notas de Javier Alonso Aldama), Granada, Centro de Estudios Bizantinos, Neogriegos y Chipriotas.

[KAPSOMENOS] Καψωμένος, Ερατοσθένης (1999³), *Δημοτικό Τραγούδι. Μια διαφορετική προσέγγιση*, Atenas, Patakis.

[KASOMOULIS] Κασομούλης, Νικόλαος (2022), *Memorias militares de la revolución de los griegos (1821-1833)*, Granada, Centro de Estudios Bizantinos, Neogriegos y Chipriotas, t. 1.

KOUKOU, Helen E. (2001), *Ioannis A. Kapodistrias – Roxandra S. Stourdza. A Historical Biography*, Atenas, The Society for the Study of Greek History.

KOLOKOTRONIS, Theódoros (2021), *Narración de los acontecimientos del pueblo griego desde 1770 hasta 1836* (introducción, traducción y notas de M.ª Salud Baldrich), Granada, Centro de Estudios Bizantinos, Neogriegos y Chipriotas.

KOULOURI, Christina (2023), *Historical Memory in Greece, 1821-1930. Performing the Past in the Present*, Nueva York, Routledge, s. p., disponible en https://acortar.link/7VbkN0, recuperado el 13 de junio de 2023.

[KOUN] Κουν, Κάρολος (1990), «Ένας ανανεωτής της Ελληνικής θεατρικής», en I. Καμπανέλλης, *Θέατρο*, Atenas, Kedros, t. 6.

LAPORTE, Jean, *Los Padres de la Iglesia*, Madrid, San Pablo, 2004.

LEMERLE, Paul (1971), *Le premier humanisme byzantin: Notes et remarques sur enseignement et culture à Byzance, des origenes au Xe siècle*, Presses Universitaires de France.

LEWIS, Geoffrey (1974), *Modern Turkey (Nations of the Modern World)*, Londres, E. Benn, p. 66, disponible en https://acortar.link./1F73rf, recuperado el 13 de junio de 2023.

[MANIATIS] Μανιάτης, Δημήτρης (08/08/2013), «Ένας δίσκος, μια ιστορία: 1974. *Το μεγάλο μας τσίρκο*», diario ateniense *Τα Νέα*.

[MARKEZINIS] Μαρκεζίνης, Σπύρος (2008) *Πολιτική ιστορία της Νεωτέρας Ελλάδος, 1828-1964*, 2, Michigan, Πάπυρος, p. 302, disponible en https://acortar.link/6fQRdJ), recuperado el 22 de mayo de 2023.

MICHALAKIS, Michael Ctoris (2016), *Género y Recepción de "Basilio Diyenís Acritis"*, Universidad de Granada, disponible en Digibug. ugr.es/handle/10481/43377, recuperado el 13 de junio de 2024.

MIJOS, Artemios N. (2021), *Memorias del segundo asedio de Mesolongui (1825-1826)* (introducción, traducción y notas de Francisco Javier Moral Arévalo), Granada, Centro de Estudios Bizantinos, Neogriegos y Chipriotas.

MOORMANN, Eric – UITTERHOEVE, Wilfried (1997[5]), *De Acteón a Zeus. Temas de mitología clásica en literatura, música, artes plásticas y teatro*, Madrid, Ediciones Akal, pp. 223-224, disponible en https://acortar.link/3O0GzF, recuperado el 22 de mayo de 2024.

MORCILLO ROSILLO, Matilde (2001), "Caída de la monarquía y proclamación de la primera República griega (1924): el reconocimiento internacional", *Erytheia* 22.

MORFAKIDIS, Moschos (1999), *Karaguiosis. El teatro de sombras griego*, Granada, Athos-Pérgamos.

—, (2013), «Το ελληνικό θέατρο σκιών στις σκηνικές τέχνες: το Καταραμένο φίδι», en *Τη γλώσσα μου έδωσαν ελληνική. Homenaje a la profesora Penélope Stavrianopulu*, Logos Verlag Berlin.

MOTOS GUIRAO, Encarnación – MORFAKIDIS, Moschos (2018), *Constantinopla*, Barcelona, National Geographic.

—, (2006), *Constantinopla. 550 años desde su caída / Κωνσταντινούπολη. 550 χρόνια από την άλωση*, Granada, Centro de Estudios Bizantinos, Neogriegos y Chipriotas, 3 vols.

NICOL, Donald (1992), *The inmortal emperor*, Cambridge University Press, pp. 95-108.

NORWICH, John Julius (1997), *Βυζάντιο. Το απόγειο*, Atenas, Intered.

—, (2000), *Breve historia de Bizancio*, Madrid, Cátedra.

[PAPATHANASIOU] Παπαθανασίου, Σίσσυ (ed.) (2022), *Ιάκωβος Καμπα-νέλλης 1921-2011. Ο Ανανεωτής της Νεοελληνικής Δραματουργίας. Iakovos Kambanellis 1921-2011. The Innovative Greek Playwright*, Atenas, Ministerio de Cultura – G. Kostópulos Artes Gráficas.

[PARIDIS] Παρίδης, Χρήστος (2022), «Ήμουν εκεί: Στην παράσταση *Η γειτονιά των αγγέλων*», disponible en https://www.lifo.gr/arxeio/imoyn-ekei-stin-parastasi-i-geitonia-ton-aggelon, recuperado el 22 de mayo de 2024.

[PEFANIS] Πεφάνης, Γιώργος (2000) *Ιάκωβος Καμπανέλλης: ανιχνεύσεις και προσεγγίσεις στο θεατρικό του έργο*, Atenas, Kedros.

—, (2001), *Θέματα μεταπολεμικού και σύγχρονου θεάτρου*, Atenas, Kedros.

—, (2003), «Χρονολόγιο Ιάκωβου Καμπανέλλη», disponible en academia.edu/40149131/_Χρονολόγιο_Ιάκωβου_Καμπανέλλη_, recuperado el 22 de mayo de 2023.

—, (2005), *Κείμενα και νοήματα. Μελέτες και άρθρα για το θέατρο*, Atenas, Sokolis, pp. 153-202.

—, (2005), «Τα θεατρικά τραγούδια του Ιάκωβου Καμπανέλλη», *Epistimonikí Epetirida tis Filosofikis Sjolís tou Panepistimiou Athinón* 36.

—, (2006), «Η ιστορική διάσταση στην πολιτική τριλογία του Ιάκωβου Καμπανέλλη: Το μεγάλο μας τσίρκο, Το κουκί και το ρεβύθι, Ο εχθρός λαός», en Andreas Chatzisavas (ed.), *Histoire et literature: le double dans la littérature néo-hellénique: hommage a Fotini et Panayotis Yannopoulos*, Besançon, Praxandre.

—, (2022), «Ο γενέθλιος τόπος, το στρατόπεδο και η λειτουργία της μνήμης στην Καμπανελλική σκηνή», en su libro *Οι Μυκήνες δεν ήταν το παν*, Atenas, Kapa Ekdotikí, también disponible en https://www.goethe.de/resources/files/pdf8/pk7211751.pdf.

PETROPOULOS, John A. (1997), *Πολιτική και συγκρότηση του κράτους στο Ελληνικό Βασίλειο (1833-1843)*, Atenas, Morfotikó Ídrima Ethnikís Trapezis.

POLITIS, Linos (1994), *Historia de la literatura griega moderna*, Madrid, Cátedra.

[POLITIS] Πολίτης, Νικόλαος (1986), *Δημοτικά Τραγούδια. Εκλογαί από τα τραγούδια του Ελληνικού λαού*, Atenas, Damianós.

POUCHNER, Walter (2010), *Τοπία ψυχής και μύθοι Πολιτείας: Το θεατρικό σύμπαν του Ιάκωβου Καμπανέλλη*, Atenas, Papazisis.

[RAE] REAL ACADEMIA ESPAÑOLA (2014[23]), *Diccionario de la lengua española. Edición del Tricentenario*, Barcelona, Espasa Libros.

ROMERO GARCÍA, Eladio - ROMERO CATALÁN, Iván (2017), *Breve historia del Imperio otomano*, Madrid, Ediciones Nowtilus, s. p., disponible en https://acortar.link/G68gd5, recuperado el 16 de junio de 2023.

Santa Biblia (1960), México, Sociedades Bíblicas Unidas.

[Skopetea] Σκοπετέα, Ελλη (1988), *Το "πρότυπο Βασίλειο" και η Μεγάλη Ιδέα: όψεις του εθνικού προβλήματος στην Ελλάδα, 1830-1880*, Atenas, Polítipo.

SOLOMÓS, Dionisios (1999), "Himno a la Libertad" (traducción de E. Alfaro, A. Antolín, M. Longueira, R. Mariño, a. Rodríguez, M. Sánchez, T. Sempere, J. Taboada, M.T. Villalobos), *Más Cerca de Grecia*.

STONE, George C. (1999), *A glossary of the Construction, Decoration and Use of Arms and Armor: in All Countries and in All Times*, Nueva York, Dover Publications.

SOTIROPOULOS, Michalis (2022), *Liberalism after the Revolution. The Intellectual Foundations of the Greek State, c. 1830-1880*, Cambridge, Cambridge University Press, disponible en https://acortar.link/jMW5tV, recuperado el 13 de junio de 2023.

TORRE DEL RÍO, Rosario de la (2015), *El Congreso de Viena (1814-1815)*, Madrid, Los Libros de la Catarata.

TRIKOUPIS, Spyridon (2021), *Historia de la insurrección griega I. De la Filikí Etería a la llegada de Dimitrios Ipsilandis* (traducción de Manuel Acosta Esteban), Granada, Centro de Estudios Bizantinos, Neogriegos y Chipriotas, 4 vols.

[TSATSOULIS] Τσατσούλης, Δημήτριος (2004), *Ιψενικά διακείμενα στη δραματουργία του Ιάκωβου Καμπανέλλη (Ibsen's Intertexts in the Dramatic Writing of Iakovos Kambanellis)*, Atenas, Metejmio.

VAKALOPOULOS, Apóstolos (1995), *Historia de Grecia Moderna. 1204-1985*, Santiago de Chile, Editorial Universitaria.

VILELLA MASANA, Josep (ed.) (2015), *Constantino, ¿el primer emperador cristiano? Religión y política en el siglo IV*, Barcelona, Edicions Universitat Barcelona.

[VOUTSADAKI] Βουτσαδάκη, Αντωνία (2006), *Ο Δράκος του Νίκου Κούνδουρου. Ένας πολιτικός κινηματογράφος*, Atenas, Egókeros.

[XANTHOS] Ξάνθος, Θεόδωρος (2021), «Ιάκωβος Καμπανέλλης. Ο Δείπνος. Η Διακειμενικότητα, οι χαρακτήρες, το μεταθέατρο και η ετεροτοπία στο Σύγχρονο Ελληνικό Θέατρο του Καμπανέλλη», disponible en https://www.researchgate.net/publication/356961621_Iakobos_Kampanelles_O_Deipnos_E_Diakeimenikoteta_oi_charakteres_to_metatheatro_kai_e_eterotopia_sto_Synchrono_Elleniko_Theatro_tou_Kampanelle, recuperado el 22 de mayo de 2023.

[Zaousis] Ζαούσης, Αλέξανδρος Λ. (2002), *Αμαλία και Όθων*, Atenas, Okeanida.

Traducciones al español de obras de Kambanelis por Selma Ancira

- *El camino pasa por dentro* (Ο δρόμος περνά από μέσα), *Tramoya* 63 (2000).

- *El epicedio* (Ο επικήδειος), Universidad Veracruzana, Veracruz-Xalapa, Colección "Ficción", 2000.

- *Stella con guantes rojos y otras piezas* (Η Στέλλα με τα κόκκινα γάντια), Teatro escogido, Veracruz-Xalapa, Editorial de la Universidad Veracruzana, Colección "Ficción", 2000.

- *Carta a Orestes y otras piezas* (Γράμμα στον Ορέστη και άλλα κομμάτια), *Teatro escogido*, Editorial de la Universidad Veracruzana, Colección «Ficción», Xalapa-Veracruz, 2022.

- *La cena* (Ο δείπνος), *Tramoya* 82 (2004).

- *Carta a Orestes* (Γράμμα στον Ορέστη), *Tramoya* 84 (2005).